EXPLORA la Biblia

Permite que la Palabra de Dios habite en ti.

Con *Explora la Biblia*, los grupos de estudio bíblico pueden tener la seguridad de que se involucrarán con la Palabra de Dios en su contexto correcto, y que estarán mejor preparados para vivirla auténticamente hoy en sus contextos. Estos estudios, de libro por libro, ayudarán a los participantes a:

› crecer en su amor por las Escrituras;

› adquirir nuevos conocimientos en cuanto a lo que enseña la Biblia;

› desarrollar disciplinas bíblicas;

› interiorizar la Palabra de Dios de una manera que transformará sus vidas.

@LifeWayEspanol

facebook.com/LifeWayEspanol

lifeway.com/ExploreTheBible

© 2017 LifeWay Press

ISBN 978-1-4627-5884-5
Ítem 005795717

Dewey decimal classification: 227.87
Subject heading: BIBLIA. N.T. HEBREOS—ESTUDIO \ VIDA CRISTIANA

ERIC GEIGER
Vice Presidente, LifeWay Resources

DAVID JEREMIAH
Editor General

CRISTOPHER GARRIDO
Manager, Global Publishing

ELIZABETH DÍAZ-WORKS
Editor

Envíe sus preguntas y comentarios a: LifeWay Global, Editor Estudios Bíblicos ETB; One LifeWay Plaza; Nashville, TN 37234-0196

Para ordenar copias adicionales de este recurso escriba a LifeWay Customer Service; One LifeWay Plaza; Nashville, TN 37234-0113; fax 615-251-5933; o llame gratuitamente a 1-800-257-7744; ordene en línea en *www.lifeway.com*; email *orderentry@lifeway.com;* o visite una tienda LifeWay Christian.

Creemos que la Biblia tiene a Dios como su autor; la salvación como su finalidad; y la verdad, sin ninguna mezcla de error, como su tema. Para ver los principios doctrinales que sustentamos, visite: *www.lifeway.com/doctrinalguideline*.

A menos que se indique lo contrario, todas las citas bíblicas se han tomado de la Santa Biblia, Versión Reina-Valera 1960, © Copyright Sociedades Bíblicas en América Latina, publicada por Broadman & Holman Publishers, Nashville, TN. Usada con permiso.

Printed in the United States of America

❯ ACERCA DE ESTE ESTUDIO

LOS CRISTIANOS PUEDEN PERDER SU CONFIANZA EN EL SEÑOR. TAL VEZ TÚ ERES UNO DE ELLOS.

Quizás tú has llegado a un punto en el que te preguntas si puedes seguir confiando en Dios. La vida ha sido dura, y los tiempos difíciles parecen volverse más difíciles. Tus circunstancias están haciendo que te preguntes si debes distanciarte de Jesús por un tiempo.

El libro de Hebreos puede darte la renovación espiritual que tú necesitas. Es un libro que ayuda a los cristianos a tener una nueva perspectiva sobre Jesús, generando un nuevo impulso de valentía para perseverar en la fe.

Explora la Biblia: Hebreos, Capítulos 1 al 7, te ayudará a conocer y aplicar la alentadora y fortalecedora verdad de la Palabra de Dios, mediante la organización de cada sesión de la siguiente manera:

ENTIENDE EL CONTEXTO: Esta página explica el contexto original de cada pasaje, y comienza relacionando los temas primordiales a tu vida diaria hoy.

EXPLORA EL TEXTO: Esta sección te explica las Escrituras, proporcionándote comentarios útiles y una interacción dinámica y reflexiva con Dios y Su Palabra.

OBEDECE EL TEXTO: Esta sección te ayuda a aplicar las verdades que has explorado. No es suficiente saber lo que dice la Biblia. La Palabra de Dios tiene el poder de cambiar nuestras vidas.

MANUAL PARA EL LÍDER: La parte final proporciona material para iniciar la conversación y sugiere preguntas para ayudar a cualquier persona que dirija un grupo a presentar cada parte del estudio personal.

❯ COMPROMISO DEL GRUPO

Al comenzar este estudio, es importante que todos los miembros estén de acuerdo con los valores fundamentales del grupo. Al determinar con claridad el propósito del tiempo que pasarán juntos, se crearán expectativas beneficiosas y se esclarecerá cualquier duda. El propósito es asegurarse de que todos los participantes tengan una experiencia positiva que les lleve al crecimiento espiritual y a tener una convivencia verdadera. Rubrica cada uno de los valores que siguen, al dialogar con el grupo sobre ellos.

❏ PRIORIDAD

La vida es atareada, pero apreciamos este tiempo juntos estudiando la Palabra de Dios. Decidimos que estar juntos es una prioridad.

❏ PARTICIPACIÓN

Somos un grupo. Todos pueden participar. Nadie dominará las reuniones.

❏ RESPETO

Todos tienen el derecho de opinar. Todas las preguntas son bienvenidas y respetadas.

❏ CONFIANZA

Cada persona buscará humildemente la verdad a través del tiempo en oración y el estudio de la Biblia. Confiaremos en Dios, quien nos ama, como la autoridad final en nuestras vidas.

❏ CONFIDENCIALIDAD

Nada de lo que se diga en nuestras reuniones nunca será comentado fuera del grupo sin el permiso de todos. Esto es fundamental para crear un ambiente de confianza y franqueza.

❏ APOYO

Todos pueden contar con todos en este grupo. Se da permiso a llamar a cualquier miembro en cualquier momento, especialmente en momentos de crisis. El grupo proporcionará atención a cada uno de los miembros.

❏ RESPONSABILIDAD

Aceptamos dejar que los miembros de nuestro grupo nos piden cuentas de los compromisos que hacemos, de la forma amorosa que decidamos. Toda pregunta es siempre bienvenida. No obstante, no se permiten consejos no solicitados.

_____   _____
Estoy de acuerdo con todo lo anterior   fecha

❯ EDITOR GENERAL

El Dr. David Jeremiah es pastor general de la iglesia Shadow Mountain Community Church, de El Cajón, California. Es fundador y anfitrión de *Momento Decisivo* (**Turning Point**), un ministerio que ofrece sana enseñanza bíblica, por medio de la radio, la TV, Internet, eventos en vivo, material didáctico y libros, pertinente a los cambiantes tiempos en que vivimos. El Dr. Jeremiah es un autor exitoso que ha escrito más de cuarenta libros, entre ellos **What Are You Afraid Of?** (*¿A qué le temes tú?*) y el material de estudio para grupos pequeños que lo acompaña. Asimismo, sus notas de estudio han sido compiladas en **The Jeremiah Study Bible** (*La Biblia de Estudio Jeremíah*).

El cometido del Dr. Jeremiah de enseñar toda la Palabra de Dios lo ha llevado a ser un orador y autor muy solicitado. Su pasión por alcanzar a los perdidos y animar a los creyentes en su fe se ve en su fiel comunicación de las verdades de la Biblia.

El Dr. Jeremiah es, asimismo, un dedicado padre de familia. Él y su esposa Donna tienen cuatro hijos adultos y once nietos.

ÍNDICE

Sesión 1	¿Quién es Jesús? *(Hebreos 1:1-4)*		6
Sesión 2	Una gran salvación *(Hebreos 2:1-3, 14-18)*		16
Sesión 3	¡Cuidado! *(Hebreos 3:7-15)*		26
Sesión 4	Una confianza segura *(Hebreos 4:14-16)*		36
Sesión 5	No te alejes *(Hebreos 6:4-8)*		46
Sesión 6	Solo Jesús salva *(Hebreos 7:23-28)*		56
Guía para el líder			66

SESIÓN 1

¿Quién es Jesús?

Como Hijo de Dios, Jesús reveló al Padre de manera definitiva e incomparable.

ENTIENDE EL CONTEXTO

PREPÁRATE PARA TU EXPERIENCIA DE GRUPO CON LAS PÁGINAS QUE SIGUEN.

Todo el mundo habla de Jesús en estos días. Pero ¿realmente sabe alguien de quién están hablando? El nombre de Jesús puede encontrarse por todos lados, desde camisetas y pegatinas, hasta en los discursos de los famosos. En el mejor de los casos, procesar toda esta información puede causar confusión. ¿Quién es Jesús, en realidad? ¿Y por qué importa saberlo? Estas mismas preguntas se han planteado durante 2.000 años.

El escritor de Hebreos se propuso ayudar a unos atribulados cristianos a ver a Jesús como el Hijo de Dios, el único camino a la vida eterna y al gozo en este mundo. Jesús no era una de las muchas voces por medio de las cuales había hablado Dios a Su creación. Jesús habló como el Hijo de Dios. Esa relación lo hace superior a los profetas y a los ángeles. Únicamente Él es la revelación plena de Dios a todo el mundo en todas partes.

Su naturaleza; Su rol en la creación, cuidado y protección del universo; Su muerte en la cruz por nuestra purificación; y Su exaltación, demuestran que Dios el Padre y Dios el Hijo están en pie de igualdad como Dios. Por tanto, teniendo esta poderosa perspectiva, podemos anunciar con confianza el divino mensaje de redención transformador de la vida.

En Hebreos, Jesús es el eje del cristianismo, el Hijo de Dios, nuestro sumo sacerdote, el iniciador y perfeccionador de nuestra fe, y la lista podría alargarse. El escritor se ocupó de una diversidad de temas, para fortalecer la superioridad de Jesús en las vidas de Sus seguidores. Al estudiar el libro de Hebreos, toma nota cuidadosamente de quién es Jesús, y aférrate a tu fe en el Cristo exaltado.

> **TAREA**
> *Estás al tanto de las diversas opiniones en cuanto a Jesús que existen en la cultura de hoy. Escudriña el libro de Hebreos y el resto de la Palabra de Dios en busca de la verdad.*

"NUNCA EL JESÚS DE LA BIBLIA HABÍA SIDO TAN ARRASTRADO POR EL LODAZAL, COMO LO ESTÁ SIENDO AHORA POR LA CULTURA".

—David Jeremiah

SESIÓN 1: ¿Quién es Jesús?

HEBREOS 1:1-4

1 Dios, habiendo hablado muchas veces y de muchas maneras en otro tiempo a los padres por los profetas,

2 en estos postreros días nos ha hablado por el Hijo, a quien constituyó heredero de todo, y por quien asimismo hizo el universo;

3 el cual, siendo el resplandor de su gloria, y la imagen misma de su sustancia, y quien sustenta todas las cosas con la palabra de su poder, habiendo efectuado la purificación de nuestros pecados por medio de sí mismo, se sentó a la diestra de la Majestad en las alturas,

4 hecho tanto superior a los ángeles, cuanto heredó más excelente nombre que ellos.

Piensa en esto

Después de leer Hebreos 1:1-4, pon un círculo alrededor de las diversas descripciones de Jesús.

Explica, con tus propias palabras, qué consecuencias tienen en cuanto a tu relación con Jesús, las descripciones que se encuentran en estos versículos.

ACERCA DEL LIBRO DE HEBREOS

AUTOR

El autor de Hebreos no se identificó a sí mismo, y los eruditos bíblicos no han sido capaces de determinar quién escribió el libro. Sin embargo, aunque no conocemos la identidad del escritor, es evidente su madurez espiritual en su escrito. Su obra refleja a un líder cristiano consagrado que deja ver su intensa preocupación por unos creyentes que estaban pensando en abandonar la fe cristiana.

DESTINATARIOS

En cuanto a los cristianos a quienes fue dirigido el libro de Hebreos, podemos discernir, de los cotejos extraídos del texto, componentes clave del judaísmo, por lo que sabemos que eran creyentes, fundamentalmente de trasfondo judío, que no tenían un entendimiento claro de quién era Jesús. La persecución que estaban experimentando les había llevado a reconsiderar su compromiso con Jesús, al punto de sentirse tentados a volver a sus tradicionales raíces judías. Posiblemente, algunos de sus amigos y familiares habían sido víctimas de maltratos por causa de Jesús. O quizás, ellos mismos habían experimentado momentos difíciles por parte de enemigos del evangelio.

El estrés de la persecución al parecer les había tentado a pensar en una vía de escape. Todavía querían adorar a Dios, pero no querían vivir con el riesgo de sufrir más persecución. Algunos detalles del texto dan a entender que algunos estaban inclinándose a volver al judaísmo, como una alternativa. Por su decisión de adoptar una manera menos riesgosa de adorar a Dios, comenzaron a distanciarse de otros cristianos. El escritor de Hebreos quería que estos creyentes superaran cualquier desilusión, manteniendo enfocadas sus vidas en Jesús y en Su superioridad. Básicamente, necesitan recordar quién es Él.

PROPÓSITO

El escritor de Hebreos hizo un esfuerzo apasionado por convencer a los seguidores de mantener su fe en Jesús. Les exhortó a ver la superioridad de Cristo sobre todo lo demás que habían leído en el Antiguo Testamento. Les animó a pensar en el sentir de Dios en cuanto a su decisión de alejarse de su fe en Jesús. Al verse a sí mismos a través de los ojos de Dios, entenderían con toda seguridad que Él les pediría cuentas por su desobediencia y su rebeldía. Por último, les retó a mantenerse firmes en el evangelio, sin importar las circunstancias.

> EXPLORA EL TEXTO

DIOS HABLA *(Lee Hebreos 1:1-2a).*

Hebreos comienza haciendo una comparación entre cómo Dios había hablado "en otro tiempo", en el tiempo del Antiguo Testamento, y en cómo ha hablado en estos "postreros días", después de la encarnación de Jesús. El escritor no estaba haciendo a un lado al Antiguo Testamento como si éste no fuera importante. La Biblia es un todo unido, con el Hijo de Dios en el centro.

Los seguidores de Cristo que recibieron esta carta estaban luchando, al parecer, con la tentación de volver al judaísmo del Antiguo Testamento. De ser así, era lógico que el autor aludiera a los profetas del Antiguo Testamento. Utilizó lo que era familiar para ellos, como el punto de partida para sus argumentos en cuanto a Jesús.

En Su sabiduría, Dios habló a los antepasados del Antiguo Testamento por medio de los profetas. Dios levantó profetas en épocas diferentes para que hablaran por Él. Moisés profetizó en un tiempo específico de la historia. Y lo mismo hicieron Elías, Eliseo, Isaías, Jeremías, Malaquías y los otros profetas. Juan el Bautista asumió el rol profético en el Nuevo Testamento, preparando el camino para el Mesías que habría de venir. Dios llamó a los profetas para que proclamaran Su Palabra en el momento preciso a un pueblo que necesitaba escucharla y aplicarla en su situación.

Cada uno de los profetas predicó la Palabra de Dios de una manera diferente. Algunos de ellos hablaron por medio de encendidos sermones y relatos apasionantes. Otros, utilizaron penetrantes descripciones gráficas y milagros extraordinarios al comunicar el mensaje de Dios. Y hubo quienes hablaron al pueblo de

Dios con cuidadosa agudeza de ingenio y valiente sabiduría. Por medio de una diversidad de métodos y estilos, ellos anunciaron el mensaje de Dios.

¿Qué enseñan los versículos 1-2a en cuanto al deseo y a la facultad de Dios de comunicarse con Su pueblo?

El escritor de Hebreos hizo después una confiada declaración: Lo que Dios dijo por medio de los profetas hacía mucho tiempo, no podía ser considerada Su palabra final. Por el contrario, Él siguió hablando. Cuando el escritor dijo "en estos postreros tiempos", tenía en mente la llegada de Jesús. Dios habló por medio de Jesús de una manera que sobrepasó los mensajes de los profetas. Dios mismo, en la persona de Jesucristo, era quien estaba hablando ahora. No había ningún intermediario.

DIOS REVELADO (Lee Hebreos 1:2b-4).

El escritor de Hebreos explica después por qué Jesús superó a los profetas como la revelación completa de Dios al mundo. Describió a Jesús como el heredero de Dios. Todas las cosas del universo pertenecen a Dios. Y al igual que un rey en su corte, el Dios del universo designó a Su Hijo como el heredero de todo lo que Él había creado, tanto en el cielo como en la Tierra. Pero Jesús era más que un heredero: estuvo involucrado en la creación de todo. El Padre hizo todo lo eterno y todo lo temporal por medio de Su Hijo. Con esa afirmación, el escritor de Hebreos estableció firmemente la verdad eterna de que Jesús ha existido siempre, antes de la creación del universo.

Además de heredar todo lo que ha sido creado, Jesús también irradia la gloria de Dios (ver Colosenses 1:15). Solo, y tan solo Él, brilla con el esplendor de la presencia de Dios en el mundo. Pero no es como luz que refleja la luna del sol, sino que el Hijo mismo irradia la gloria del Padre, porque Él es Dios.

Preparación bíblica: Investiga más utilizando otros versículos de la Biblia para entender mejor un pasaje.

Lee estos pasajes en tu Biblia:

- Génesis 1:26
- Colosenses 1:15-18
- Juan 1:1-4

¿Cómo profundizan estos versículos tu entendimiento de lo que revela Hebreos 1 en cuanto a la existencia eterna de Jesús?

El escritor de Hebreos nos enseña algo más en cuanto a Jesús, que reafirma Su superioridad. Las fotocopiadoras hacen duplicados de documentos originales. Pero al examinar detenidamente las hojas, uno puede distinguir el original de la copia. No sucede así con Jesús. Él es la expresión exacta de Dios. En otras palabras, el Hijo es el original, exactamente como el Padre. Y porque es el original, exhibe la plenitud de la divina naturaleza del Padre. Por consiguiente, Jesús dirige y sostiene a toda la creación. Él lleva a cabo Su obra sustentadora del universo de una manera que demuestra que Él es Dios. Él emite Su poderosa Palabra para sustentar y dirigir Su creación.

Al guiarnos a observar la actividad de Jesús en la historia, el autor de Hebreos dirige nuestra atención a la cruz. El Cristo crucificado hizo la purificación total de nuestros pecados. Ahora, el Salvador resucitado ha sido exaltado en las alturas y se ha sentado a la derecha de Su Padre en majestad. Cuando se sentó en ese exaltado lugar, eso fue una declaración de la obra perfecta que llevó a cabo que era necesaria para nuestra salvación, y demuestra Su igualdad con el Padre. Su grandiosa soberanía es infinita.

El escritor de Hebreos presentó a los atribulados cristianos razones seguras para mantenerse fieles a Cristo frente a la posibilidad de la persecución. Después de haberles demostrado la superioridad de Jesús sobre los profetas, los dirigió a darse cuenta de que Jesús reinaba sobre los ángeles, quienes disfrutaban de una posición de alto rango en el Reino de Dios. Al igual que los profetas, los ángeles debían ser vistos también como mensajeros enviados por Dios. Jesús reinaba sobre ellos por una razón incuestionable: Solo Él ostentaba el incomparable nombre de Dios. Dios, el Hijo, había heredado el nombre de Dios, el Padre. Por consiguiente, Él es Dios.

> **Doctrina clave: Las Escrituras y Jesús**
>
> Toda las Escrituras es un testimonio de Cristo, quien es el centro de la revelación divina. Ver Mateo 5:17; Lucas 24:27; Juan 5:39.

¿Alguna vez te sentiste perseguido por tu fe?

¿De qué maneras desafió tus convicciones esa persecución?

❯ OBEDECE EL TEXTO

Jesús es la revelación plena de Dios a la humanidad. Por medio de Él, podemos entender el carácter de Dios y el mensaje del evangelio. Puesto que Dios se ha revelado a Sí mismo a nosotros, podemos comunicar esa verdad a los demás.

¿Cómo se te ha revelado Dios recientemente?

¿Qué acciones estás emprendiendo como resultado?

¿Cómo puedes tú ayudar a tu grupo a crear un ambiente que estimule la comunicación clara y abierta de las verdades que Dios revela?

MEMORIZA

"en estos postreros días nos ha hablado por el Hijo" (Hebreos 1:2a).

Utiliza el espacio que sigue para escribir tus observaciones y anotar las peticiones de oración durante las reuniones de grupo de esta sesión.

MI REFLEXIONES

Escribe tus ideas y tus preguntas de la reunión de grupo.

___
___
___
___
___
___
___

MI RESPUESTA

Indica de qué maneras específicas pondrás en práctica la verdad explorada esta semana.

___
___
___
___
___
___
___

MIS ORACIONES

Haz una lista de las necesidades específicas de oración y de las respuestas a las mismas, para recordarlas esta semana.

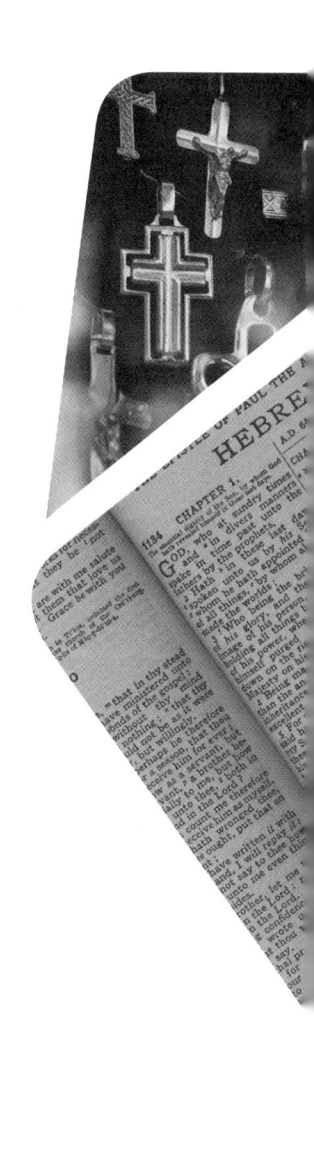

___
___
___
___
___
___
___

SESIÓN 1: *¿Quién es Jesús?*

SESIÓN 2

Una gran salvación

Los creyentes deben evitar firmemente alejarse de su fe en Jesús.

ENTIENDE EL CONTEXTO

PREPÁRATE CON LAS PÁGINAS QUE SIGUEN PARA TU REUNIÓN DE GRUPO.

En esta vida, necesitamos advertencias cuando estamos en peligro. El camino de menor resistencia es aquel hacia el cual todo el mundo se desliza de manera natural. Para el cristiano, esta tendencia es caer en la apatía, descuidando la verdad del evangelio que cambia la vida. La vida y la muerte sacrificiales de Jesús destruyeron el poder del diablo sobre los creyentes. Nada debe impedirnos disfrutar de la libertad que tenemos en Cristo.

El escritor de Hebreos comenzó el segundo capítulo recordando a sus audiencia la autoridad de Dios y Su justo juicio. Si las bendiciones por la obediencia, y las consecuencias por la desobediencia o el descuido de la Palabra escrita de Dios, dichas por medio de Sus intermediarios eran grandes, ¿cuánto más son responsables las personas ante la presencia personal de Dios por medio de la encarnación de Jesús?

Pero el capítulo no termina con Dios como Juez; Él es también Padre. El pueblo de Dios ha recibido un regalo increíble que nunca debe ser subestimado: la salvación. Los creyentes han pasado a formar parte de la familia de Dios. El escritor comenzó explicando cómo y por qué vino Jesús a salvar a los hijos de Dios.

Jesús participó de la experiencia humana de la carne y la sangre, con el fin de derrotar a dos enemigos que han afligido a toda persona a lo largo de la historia. Vivió como una persona real, y murió por la humanidad. Jesús declaró Su victoria sobre nuestro peor adversario: el diablo; y sobre nuestro peor temor: la muerte. Era la única manera que había para poder darnos una relación gloriosa con un Juez justo y un Padre amoroso. Al participar de nuestros sufrimientos y de nuestra muerte, Jesús canceló nuestra deuda que nosotros no podíamos pagar. Al convertirse en humano, se identificó con nosotros para poder salvarnos. Él es, por tanto, digno de nuestra devoción y confianza absolutas.

"CUANDO ESTAMOS TAN ABSORTOS EN LAS COSAS DE ESTA VIDA, HASTA EL PUNTO DE QUE TENEMOS POCO TIEMPO PARA CULTIVAR NUESTRA PARTE ESPIRITUAL, ENTONCES EL DESLIZAMIENTO DE LA FE ES INEVITABLE".

—David Jeremiah

SESIÓN 2: *Una gran salvación*

HEBREOS 2:1-3, 14-18

1 Por tanto, es necesario que con más diligencia atendamos a las cosas que hemos oído, no sea que nos deslicemos.

2 Porque si la palabra dicha por medio de los ángeles fue firme, y toda transgresión y desobediencia recibió justa retribución,

3 ¿cómo escaparemos nosotros, si descuidamos una salvación tan grande? La cual, habiendo sido anunciada primeramente por el Señor, nos fue confirmada por los que oyeron.

14 Así que, por cuanto los hijos participaron de carne y sangre, él también participó de lo mismo, para destruir por medio de la muerte al que tenía el imperio de la muerte, esto es, al diablo,

15 y librar a todos los que por el temor de la muerte estaban durante toda la vida sujetos a servidumbre.

16 Porque ciertamente no socorrió a los ángeles, sino que socorrió a la descendencia de Abraham.

17 Por lo cual debía ser en todo semejante a sus hermanos, para venir a ser misericordioso y fiel sumo sacerdote en lo que a Dios se refiere, para expiar los pecados del pueblo.

18 Pues en cuanto él mismo padeció siendo tentado, es poderoso para socorrer a los que son tentados.

Piensa en esto

¿Qué sugiere el plural "atendamos" en cuanto a la relación que había entre el escritor y los lectores?

¿Qué situaciones hacen que una persona se deslice cuando se trata de obedecer a Dios?

¿Qué importancia tiene el hecho de que Jesús haya sido uno de nosotros?

EXPLORA EL TEXTO

ESCUCHA (Lee Hebreos 2:1).

Para autenticar la absoluta e incuestionable autoridad de Jesús, el escritor de Hebreos hizo una solemne advertencia a sus lectores. Su decisión de renunciar a Cristo y buscar otro camino para llegar a Dios, tendría resultados desastrosos. El primer versículo de Hebreos 2 está dirigido a los que se habían deslizado. El autor de Hebreos hizo una severa advertencia que requiere una consideración cuidadosa.

Una nave que se encuentre en un puerto, si no está anclada adecuadamente, seguirá el camino de menor resistencia y se deslizará poco a poco. En muchos sentidos, nosotros nos parecemos mucho a las naves. Por el descuido espiritual, por mirar en la dirección equivocada, o por buscar lo que creemos que es una salida más fácil, terminamos donde nunca tuvimos la intención de estar. Cuando estamos allí, nos sentimos desdichados, y es posible que no sepamos por qué. Definitivamente, tenemos que estar anclados en Cristo.

Al igual que los primeros creyentes, nosotros también enfrentamos la misma tentación y la misma advertencia. En vez de simplemente lanzar una mirada al evangelio y después ignorarlo, tenemos que dar una consideración cuidadosa a Cristo en nuestras vidas.

¿Cómo has sido tú tentado para dejar que los tiempos difíciles tengan una influencia negativa en tu fe en Cristo?

Aplicando la idea del navegante que presta mucha atención al mar mientras dirige la nave al puerto, el escritor de Hebreos advierte a todos los seguidores de Cristo que se mantengan alertas y en guardia al tomar decisiones en cuanto a vivir auténticamente su fe en Cristo.

¿Qué señales de advertencia hay para ayudar a los seguidores de Cristo a evitar alejarse de su fe en Él?

EL PELIGRO DEL IGNORAR EL EVANGELIO (Lee Hebreos 2:2-3).

En el monte Sinaí, Dios hizo un pacto con Su pueblo en el que Su ley ocupaba un lugar prominente. Cada parte del pacto tenía que ser tomada seriamente como un acuerdo preceptivo entre Él y ellos. Por consiguiente, el pueblo no podía modificar ese pacto a su antojo. Dios les pediría cuentas por su desobediencia. Ellos sabían que Dios les daría el castigo que merecían cuando, por su desobediencia, transgredieran la ley.

¿Cómo afecta la naturaleza preceptiva de la ley de Dios, tu convicción de responsabilidad para con Él?

El autor también dirigió a sus lectores a la autoridad unificadora del mensaje del evangelio. El compromiso de ellos con Jesús se había basado en el mensaje que habían recibido, y por eso no podía ser modificado simplemente porque quisieran cambiarlo. Ese compromiso tampoco desaparecería con el tiempo. No podrían escapar de las consecuencias si se deslizaban de ese mensaje.

La verdadera vida comienza cuando respondemos a las buenas nuevas de Cristo. Es por eso que los cristianos que crecen espiritualmente comprenden que nada supera al maravilloso regalo de la salvación que Dios da por medio de Jesús. Nuestro pasado, nuestro presente y nuestro futuro, han sido cambiados para siempre porque escuchamos el mensaje de salvación y depositamos nuestra fe en Cristo como resultado. En vez de ignorarlo, vivimos en realidad ese mensaje cada día, de maneras que demuestran lo mucho que lo valoramos.

¿Cómo demuestras a los demás que el evangelio de Cristo es un tesoro que valoras en tu vida?

Así como los ángeles sirvieron para traer la ley en el Antiguo Testamento, Cristo tuvo la responsabilidad de traer el mensaje de salvación. Puesto que Cristo es Dios, es Dios mismo quien ha proclamado ese mensaje, haciéndole absolutamente superior a cualquier otro. Por tanto, ese mensaje tenía que ser considerado un tesoro precioso por las personas que habían sido salvas, ya que habían sido salvas porque lo habían escuchado y recibido a Cristo.

En cuanto a la palabra *nosotros*, el escritor de Hebreos indicó que él y sus lectores tenían el mismo testimonio en cuanto al mensaje de salvación. Ni el autor ni los lectores lo habían escuchado de Jesús directamente. Alguien les había anunciado el evangelio y confirmado el mensaje proclamado por Jesús. Por tanto, ese mensaje tenía la misma autoridad preceptiva que la proclamación hecha personalmente por Él.

Cuando el mensaje del evangelio te fue comunicado por primera vez, ¿cómo supiste que estabas escuchando la verdad?

> **Preparación bíblica: Profundiza más en cuanto al trasfondo y al uso de las palabras o frases clave.**
>
> Enfócate en la frase "expiar los pecados" en Hebreos 2:17, y consulta la palabra "expiar" en un diccionario, para conocer su significado. Después, compara esa frase utilizando varias traducciones confiables de la Biblia. Utiliza una concordancia para descubrir otros usos de esa palabra en las Escrituras.

PARA DESTRUIR AL DIABLO
(Lee Hebreos 2:14-16).

Al llamar la atención en cuanto a la humanidad de Cristo, el escritor de Hebreos recalcó su argumento de que podemos confiar en Jesús. Él fue la única persona sin pecado que haya existido. Jesús no se hizo hombre para poder conocernos, demostrarnos nada o convencernos de que entendía nuestra condición. Él tenía una intención redentora en mente: salvarnos. El pesebre, la cruz y la tumba vacía demuestran Su propósito de libertarnos.

Jesús se entregó por nosotros para hacernos libres del dominio de Satanás. El diablo ha sido descrito siempre como el adversario de Dios y de Su Reino. En el Antiguo Testamento es llamado el acusador, a quien el Señor reprendió (Zacarías 3:1, 2). Jesús se refirió a Satanás como homicida desde el principio, y mentiroso (ver Juan 8:44). Uno de los discípulos de Jesús, Simón Pedro, describió al diablo como un león rugiente buscando a quien devorar (ver 1 Pedro 5:8). La vida, la muerte y la resurrección del Señor destruyeron el plan de Satanás de tener el control.

Jesús también nos hizo libres del poder de la muerte. Nos libertó de la esclavitud espiritual. Gracias a Su resurrección, ya no tenemos que enfrentar la muerte con temor. Por el contrario, comprendemos que la muerte física da paso a la vida eterna en el cielo con Él. A su tiempo, la muerte será destruida (ver 1 Corintios 15:54). Todavía enfrentamos la muerte, pero por Su muerte sacrificial, Jesús quitó el aguijón de la muerte que había como resultado del pecado. Como cristianos, podemos enfrentar la muerte con confianza y una esperanza segura. Cristo se hizo humano porque necesitábamos Su ayuda como pecadores. Si Él no se hubiera encarnado, nosotros estaríamos todavía bajo el control de Satanás, teniendo terror a la muerte, y sin ninguna esperanza. Su determinación de venir a nosotros y de morir en nuestro lugar, puso de manifiesto Su amor por nosotros.

Lee Colosenses 2:12-15 y 1 Juan 3:8. ¿Cómo explican estos versículos la victoria de Jesús sobre el diablo?

PROBADO *(Lee Hebreos 2:17-18).*

En la época del Antiguo Testamento, el sumo sacerdote encabezaba un tiempo especial de adoración en el Día de la Expiación. Durante este servicio, el sumo sacerdote entraba en el lugar santísimo, una parte restringida del tabernáculo o templo. Solo el sumo sacerdote podía entrar en él, y únicamente en el Día de la Expiación (ver Levítico 16:34; 23:27, 28). Una vez dentro del lugar santísimo, ofrecía un sacrificio de sangre para limpiar al pueblo de su pecado.

Jesús sirve como el perfecto Sumo Sacerdote, ya que Él se presentó a Sí mismo a Dios para expiar nuestro pecado. En la cruz, ofreció también lo que era necesario para nuestra expiación. Al morir por nosotros, Jesús hizo la propiciación por nuestros pecados. En otras palabras, Su muerte en la cruz por nuestros pecados apartó la ira de Dios, para que nosotros pudiéramos estar en paz con Él. La muerte de Jesús en la cruz demuestra que Él es absolutamente confiable por Su servicio a Dios a nuestro favor.

En el versículo 18, el escritor de Hebreos señala directamente y con todo el rigor la humanidad de Jesús. Él no recibió ningún trato especial por ser el Hijo de Dios. De hecho, fue todo lo contrario. En el desierto, Satanás lo confrontó con una serie de apetecibles tentaciones (ver Mateo 4:1-11). Pero Jesús venció el ataque del enemigo citando la Palabra de Dios. Sin embargo, aunque el diablo se apartó de Él durante un tiempo, volvía una y otra vez con sus ataques implacables. Nadie puede decir que Jesús no supo lo que era ser tentado y probado.

Jesús sufrió también de maneras inimaginables. Desde el comienzo hasta el final de Su ministerio vivió bajo presiones extremas. Era el blanco diario de los fanáticos religiosos, de parientes errados, de seguidores con necesidades, y de críticos feroces. Pero nada se compara con el sufrimiento que padeció en la cruz. Enfrentó toda la angustia física, emocional y espiritual, sin dar un paso atrás.

Por las tentaciones que enfrentó, y por la agonía que sufrió, Jesús puede comprender cualquier situación que nosotros podamos afrontar. Los seguidores de Cristo que enfrenten persecución o sufrimientos en la vida, pueden tener confianza en Él. Cristo está listo para ayudarnos cuando seamos tentados por toda clase de conflictos dolorosos. Además, Él nos capacita para tener la victoria sobre los intentos del enemigo de derrotarnos. Sin duda, Jesucristo es nuestro verdadero y misericordioso sumo sacerdote.

> **Doctrina clave: Evangelismo**
>
> Todo cristiano tiene el deber de ganar a los perdidos para Cristo, por medio de un testimonio verbal reforzado por un estilo de vida piadoso.

❯ OBEDECE EL TEXTO

Los creyentes deben estar en guardia para no alejarse de la verdad del evangelio. Podemos tener confianza en la autenticidad del mensaje del evangelio.

¿Qué te da la mayor confianza para mantenerte de pie valientemente por Cristo? Explica tu respuesta.

Haz una lista de las maneras en que los miembros del grupo de estudio bíblico pueden ayudarse unos a otros para evitar alejarse de la fe.

Por mucho que lo intenten, las personas no son capaces de ponerle fin al poder del pecado en sus vidas por sus propios medios. Tenemos la necesidad de un Salvador, pero debe ser uno como nosotros. Cristo tomó un cuerpo humano para ser ese Salvador.

¿Qué importancia tiene para ti el hecho de que Jesús fue como uno de nosotros en cuanto a la manera en que oras acerca de tus tentaciones?

MEMORIZA

"Por tanto, es necesario que con más diligencia atendamos a las cosas que hemos oído, no sea que nos deslicemos" (Hebreos 2:1).

Utiliza el espacio que sigue para escribir tus observaciones y anotar las peticiones de oración durante las reuniones de grupo de esta sesión.

MI REFLEXIONES

Escribe tus ideas y tus preguntas de la reunión de grupo.

_____
_____
_____
_____
_____
_____

MI RESPUESTA

Indica de qué maneras específicas pondrás en práctica la verdad explorada esta semana.

_____
_____
_____
_____
_____
_____

MIS ORACIONES

Haz una lista de las necesidades específicas de oración y de las respuestas a las mismas, para recordarlas esta semana.

_____
_____
_____
_____
_____

SESIÓN 3

¡Cuidado!

Los creyentes deben darse ánimo unos a otros para mantenerse firmes en Jesús.

ENTIENDE EL CONTEXTO

PREPÁRATE CON LAS PÁGINAS QUE SIGUEN PARA TU REUNIÓN DE GRUPO.

Cuando menos, algunos de los primeros lectores del libro de Hebreos eran creyentes que habían venido a Cristo de un trasfondo del judaísmo. Tenían conocimiento del Antiguo Testamento. Cuando escucharon el evangelio, creyeron en Jesús como Mesías y Señor.

Ahora, sin embargo, su confesión de fe en Cristo había comenzado a resultarles cara. Estaban experimentando hostilidad y tribulaciones por causa de su fe. Por tanto, algunos de ellos habían dejado de reunirse con otros creyentes para el culto al Señor, por temor a ser identificados y señalados como cristianos. Estaban dando señales de que estaban retrocediendo de su confesión de fe en Cristo.

Desde las primeras palabras de su epístola, el escritor de Hebreos urgió a esos creyentes inseguros a considerar con diligencia quién era Jesús. Era el Divino Hijo de Dios (1:1-3), de un rango superior a los ángeles (1:4-14). Pero Jesús también había tomado la naturaleza humana para darnos una grandiosa salvación que no debía ser descuidada (2:1-18).

El autor de Hebreos no desestimó a los profetas, a los ángeles, a Moisés, o al culto y los sacrificios del Antiguo Testamento. Dios había hablado por estos medios en el pasado. Sin embargo, ellos solo preanunciaron lo que Jesús hizo al venir en carne y hueso, morir en la cruz, y resucitar de los muertos.

El escritor no solo utilizó imágenes del Antiguo Testamento (3:1-6), sino también citas del Antiguo Testamento (3:7-11) para advertir a los creyentes de su tiempo que cayeran en un estado de temor y retroceso. Necesitaban darse ánimo unos a otros para mantenerse firmes en su confesión de fe en Jesús.

> "LA PALABRA QUE ENCUENTRAS EN LAS ESCRITURAS DE PARTE DE DIOS, ES SIEMPRE 'HOY'. NUNCA HAY UN 'MAÑANA'. EL ENEMIGO ES EL ÚNICO QUE VIENE A DECIRNOS: 'MAÑANA' ".
> —David Jeremiah

SESIÓN 3: ¡Cuidado! 27

HEBREOS 3:7-15

7 Por lo cual, como dice el Espíritu Santo: Si oyereis hoy su voz,

8 No endurezcáis vuestros corazones, Como en la provocación, en el día de la tentación en el desierto,

9 donde me tentaron vuestros padres; me probaron, Y vieron mis obras cuarenta años.

10 A causa de lo cual me disgusté contra esa generación, Y dije: Siempre andan vagando en su corazón, Y no han conocido mis caminos.

11 Por tanto, juré en mi ira: No entrarán en mi reposo.

12 Mirad, hermanos, que no haya en ninguno de vosotros corazón malo de incredulidad para apartarse del Dios vivo;

13 antes exhortaos los unos a los otros cada día, entre tanto que se dice: Hoy; para que ninguno de vosotros se endurezca por el engaño del pecado.

14 Porque somos hechos participantes de Cristo, con tal que retengamos firme hasta el fin nuestra confianza del principio,

15 entre tanto que se dice: Si oyereis hoy su voz, No endurezcáis vuestros corazones, como en la provocación.

Piensa en esto

¿Qué indican las frases utilizadas en los versículos 7 y 15 sobre la perspectiva del escritor en cuanto a las Escrituras?

Subrayemos las palabras y las frases en los versículos 12 al 15 que dirigen a los creyentes sobre lo que deben y no deben hacer.

EXPLORA EL TEXTO

CONOCE TU HISTORIA (Lee Hebreos 3:7-11).

Un beneficio enorme que obtienen los cristianos al estudiar el Antiguo Testamento, es que pueden aprender de los ejemplos del Israel antiguo (ver 1 Corintios 10:1-6). El autor de Hebreos nos señala un ejemplo imborrable: la rebelión contra Dios durante su peregrinación a la tierra prometida. El relato histórico de este peregrinaje se encuentra en los libros de Éxodo y Números. No obstante, el autor de Hebreos no tomó sus citas de estos relatos históricos, sino del Salmo 95. Este era un salmo utilizado en el culto hebreo. Es un llamamiento a una devoción firme y decidida al Señor, y una advertencia en contra de la desobediencia.

El escritor introduce los versículos 7 al 11, y manifiesta que fueron palabras dichas por el Espíritu Santo. Esta introducción tenía dos propósitos: Primero, destacar la perspectiva del autor en cuanto a las Escrituras. Dios es el Autor, en última instancia, de toda las Escrituras. El Espíritu Santo dirigió a los diversos escritores, de modo que lo que tenemos hoy en la Biblia es verdaderamente la Palabra de Dios, no las ideas de los hombres en cuanto a Dios (ver 2 Timoteo 3:16, 17; 2 Pedro 1:20, 21). En segundo lugar, enseñar que los creyentes de cada generación pueden y deben obedecer la guía espiritual que se encuentra en toda las Escrituras. El Antiguo y el Nuevo Testamento no son dos historias sino una sola, en la cual Jesús es el centro.

Cuando lees la Biblia, ¿qué te ayuda a saber que Dios te está hablando por medio de ella?

El pueblo había demostrado un espíritu obstinado desde el momento en que salió de Egipto, hasta que acampó en el límite de la tierra prometida. Se quejaron junto al Mar Rojo (ver Éxodo 14:11, 12). Y también lo hicieron en el desierto por la falta de agua (ver Éxodo 15:24), de comida (ver Éxodo 16:2, 3) y las penurias (ver Números 11:1). Pero, en vez de crecer en su fe viendo cómo

Dios se ocupaba de ellos en cada dificultad, vacilaron en su fe. Ellos fallaron la prueba de fe por tentar a Dios. Sus corazones se volvieron distantes, duros, y finalmente desobedientes. Su falta de fe llegó a un punto crítico cuando se negaron a entrar en la tierra prometida (ver Números 14:2-4, 11, 12).

Solamente dos de los líderes de Israel, Josué y Caleb, se mantuvieron valientemente de pie junto a Moisés en ese momento, y llamaron al pueblo a seguir adelante con fe. Por consiguiente, únicamente a esos dos hombres de su generación se les permitió sobrevivir durante cuarenta años en que deambularon por el desierto, a entrar en la tierra prometida (ver Números 14:30-35).

¿Cómo pueden las situaciones difíciles convertirse en oportunidades para tener un crecimiento espiritual significativo?

Dios juzgó a los israelitas desobedientes declarando que no disfrutarían de una vida sedentaria de reposo en la tierra prometida (ver Josué 21:43-45). La generación de israelitas que se rebeló en el desierto murió en el mismo. Dios no los abandonó como Su pueblo, pero nunca disfrutaron de todas las bendiciones de las promesas de Dios para sus vidas.

¿Qué bendiciones para nuestras vidas podemos perder por la desobediencia?

ESCUCHA LA ADVERTENCIA *(Lee Hebreos 3:12).*

Los creyentes a los cuales fue dirigida la epístola de Hebreos, necesitaban prestar atención al ejemplo de los israelitas desobedientes. Las dificultades que enfrentaban estos cristianos les ofrecía el momento de la verdad. O bien confiaban en Dios y padecían por su confesión de fe en Jesucristo, o bien se alejaban de Dios. Pero cuanto más se alejaran, más duros se volverían sus corazones con respecto a las promesas de Dios. Y más exhibirían maldad e incredulidad en sus vidas, en vez de devoción y fe.

Por esta razón, el autor de Hebreos imploró a sus lectores que tuvieran cuidado. Estaban en peligro de provocar la ira de Dios, como había sucedido con los israelitas. Si Dios juzgó a Su rebelde pueblo en los tiempos del Antiguo Testamento, también juzgaría a los creyentes desobedientes del Nuevo Testamento. El autor no quería que sus lectores tomaran una dirección desacertada en su caminar en la fe. Quería que volvieran la verdad (ver Santiago 5:19, 20).

La misma advertencia es pertinente para los creyentes hoy. No debemos permitir que la incredulidad tenga cabida en nuestros corazones. Tenemos que estar especialmente alertas en los tiempos de aflicción. Esos son los momentos cuando el diablo siembra semillas de duda en las mentes de los creyentes. Si nos mantenemos creciendo en nuestra devoción a Cristo, esas semillas nunca germinarán. Pero si nos alejamos de nuestra fe, las semillas de duda pueden fácilmente dar origen a la maleza de la desobediencia.

¿Qué semillas de duda te ha lanzado el diablo en tiempos de aflicción?

¿Cómo haces frente a esas tentaciones?

> **Doctrina clave: Los creyentes y el pecado**
>
> Los creyentes pueden caer en el pecado por el descuido y la tentación. Cuando esto sucede, entristecen al Espíritu Santo, causan oprobio a la causa de Cristo, y traen juicio temporal sobre sí mismos; pero por su fe serán preservados para salvación, por el poder de Dios.

ANIMÁNDONOS UNOS A LOS OTROS *(Lee Hebreos 3:13-15).*

Como seguidores de Cristo, enfrentaremos muchas situaciones que pondrán a prueba nuestra fe (ver 2 Timoteo 3:12; Santiago 1:2). Dios utiliza a cristianos fieles como fuentes de aliento para exhortar a otros creyentes (ver 2 Corintios 1:3, 4). Debemos no solamente ocuparnos de nuestra devoción a Cristo, sino además hacer todo lo posible por cuidar de nuestros hermanos en la fe.

Un área muy importante en cuanto a la exhortación mutua tiene que ver con nuestros corazones. El corazón del creyente sirve como el centro espiritual de su vida. Al obedecer la dirección del Señor en nuestras vidas, nuestros confiados corazones se harán más fuertes en la devoción a Cristo. Una devoción fuerte abre nuestros oídos espirituales a la verdad. En cambio, un corazón titubeante estará abierto al engaño. Un corazón engañado se vuelve insensible a las cosas de Dios, y lo que viene después es la desobediencia.

El profeta Jeremías, del Antiguo Testamento, advirtió que el corazón es engañoso (ver Jeremías 17:9). Por tanto, evitar la tentación del pecado implica mantener un corazón sensible y receptivo a Dios. Una fe cada vez más sólida en Cristo es la mejor defensa que tiene todo cristiano contra la tentación. Debemos animarnos los unos a los otros diariamente para mantener un corazón sensible en la devoción a Cristo.

El autor bíblico nos dio la razón para cultivar constantemente un corazón sensible como creyentes. Dice que los creyentes demuestran que están completamente consagrados a Cristo, cuando perseveran en su fe hasta el fin. Permanecer en la fe es evidencia de una devoción total a Cristo, una devoción que se mantiene no importa los padecimientos que vengan (ver Apocalipsis 2:10).

¿Cómo ha actuado Dios por medio de tus hermanos en la fe, para animarte en tiempos difíciles?

> **Preparación bíblica: Prestemos atención a las palabras o las frases que se repiten en un pasaje bíblico.**
>
> Los escritores de la Biblia utilizaban a veces la repetición de palabras clave para hacer hincapié en un tema o un mensaje.
>
> Identificamos la palabra utilizada tres veces en Hebreos 3:7-15. (Pista: Ver los vv. 7, 13, 15).
>
> Veamos también el uso que hace el autor de palabras similares en el pasaje. (Pista: Ver 8, 13).
>
> *¿Qué significado tiene la palabra repetida para los lectores de la Biblia hoy?*

❯ OBEDECE EL TEXTO

Si nos fiamos de los escritos religiosos, de los líderes religiosos, o de cualquier otra cosa diferente de Cristo para nuestra salvación, nos engañaremos a nosotros mismos. Los seguidores de Cristo debemos animarnos unos a otros para mantenernos fieles, recordándonos mutuamente que la vida cristiana es una peregrinación de fe que durará toda la vida.

¿Qué significa para ti que la salvación en Cristo es preservada por el poder de Dios y no por tu propio poder?

La Palabra de Dios puede exhortar a otros y animarlos en su peregrinación espiritual. Haz una lista de los versículos de la Biblia que utilizarás esta semana para exhortar a otra persona.

MEMORIZA

"antes exhortaos los unos a los otros cada día, entre tanto que se dice: Hoy" (Hebreos 3:13a).

Utiliza el espacio que sigue para escribir tus observaciones y anotar las peticiones de oración durante las reuniones de grupo de esta sesión.

MI REFLEXIONES

Escribe tus ideas y tus preguntas de la reunión de grupo.

___
___
___
___
___
___
___

MI RESPUESTA

Indica de qué maneras específicas pondrás en práctica la verdad explorada esta semana.

___
___
___
___
___
___
___

MIS ORACIONES

Haz una lista de las necesidades específicas de oración y de las respuestas a las mismas, para recordarlas esta semana.

___
___
___
___
___
___
___

SESIÓN 4

Una confianza segura

Por Su sacrificio, Jesús aseguró nuestra salvación.

> ENTIENDE EL CONTEXTO

PREPÁRATE CON LAS PÁGINAS QUE SIGUEN PARA TU REUNIÓN DE GRUPO.

El escritor de Hebreos exhortó a sus lectores a esforzarse por entrar en el reposo prometido por Dios a Su pueblo (4:9-11). Este reposo está inspirado en el trabajo hecho por Dios en la creación. En seis días, creó el universo y todo lo que hay en él; en el día séptimo, descansó. Este descanso era por el goce pleno de Dios, y por Su interacción con todo lo que Él había creado. Dios bendijo al día séptimo y lo santificó (ver Génesis 2:1-3).

En el tiempo del Antiguo Testamento, los israelitas guardaban el sabbat y también algunos sabbats especiales a lo largo del año. Uno de los más importantes era el sabbat conectado con el Día de Expiación. En este día, el sumo sacerdote israelita hacía una ofrenda expiatoria delante del Señor para cubrir los pecados del pueblo (ver Levítico 16:29-34).

Ya en el v. 3 del capítulo 1 de Hebreos, es mencionado el ministerio de Jesús como el Gran Sumo Sacerdote. Allí, el autor dice que el Hijo purgó (o hizo la purificación de) los pecados. Esto era una referencia a la muerte de Cristo en la cruz, el sacrificio expiatorio de una vez por todas que solamente el Gran Sumo Sacerdote podía ofrecer. En 2:17 y 3:2, el escritor explica cómo tomó el Hijo la naturaleza humana para identificarse completamente con quienes había venido a salvar. Luego, en 4:14–5:10, todo el enfoque está puesto en la descripción del ministerio de Jesús como Sumo Sacerdote. Por lo que Jesús es, por lo que Él hizo en la cruz, y por Su resurrección, el ministerio de Jesús como Sumo Sacerdote es eterno. En vez de alejarse de su fe en Cristo, los creyentes pueden, con toda confianza, acercarse al trono de la gracia en cualquier momento y con cada necesidad.

"EL SACERDOTE DEL ANTIGUO TESTAMENTO ERA ESCOGIDO ENTRE LOS HOMBRES, PORQUE ASÍ SENTIRÍA LO QUE LOS DEMÁS HOMBRES SENTÍAN".
—*David Jeremiah*

HEBREOS 4:14–5:6

4:14 Por tanto, teniendo un gran sumo sacerdote que traspasó los cielos, Jesús el Hijo de Dios, retengamos nuestra profesión.

15 Porque no tenemos un sumo sacerdote que no pueda compadecerse de nuestras debilidades, sino uno que fue tentado en todo según nuestra semejanza, pero sin pecado.

16 Acerquémonos, pues, confiadamente al trono de la gracia, para alcanzar misericordia y hallar gracia para el oportuno socorro.

5:1 Porque todo sumo sacerdote tomado de entre los hombres es constituido a favor de los hombres en lo que a Dios se refiere, para que Presenta ofrendas y sacrificios por los pecados;

2 para que se Muestra paciente con los ignorantes y extraviados, puesto que él también está rodeado de debilidad;

3 y por causa de ella debe ofrecer por los pecados, tanto por sí mismo como también por el pueblo.

4 Y nadie toma para sí esta honra, sino el que es llamado por Dios, como lo fue Aarón.

5 Así tampoco Cristo se glorificó a sí mismo haciéndose sumo sacerdote, sino el que le dijo: Tú eres mi Hijo, Yo te he engendrado hoy.

6 Como también dice en otro lugar: Tú eres sacerdote para siempre, Según el orden de Melquisedec.

Piensa en esto

Identifica dos acciones a las cuales son llamados los creyentes como resultado de la condición de Jesús como el Gran Sumo Sacerdote. (Pista: Palabras en forma imperativa en los vv. 14 y 16).

¿Cuánta confianza tienes cuando te acercas al Señor en oración o al estudio de la Biblia? ¿Cuándo te sientes con más confianza? ¿Cuándo te sientes con menos confianza?

> EXPLORA EL TEXTO

CONFIANZA (Lee Hebreos 4:14-16).

Si muchos de los principales lectores de Hebreos habían sido seguidores del judaísmo, entonces estaban al tanto del rol del sumo sacerdote. Hasta el 70 d. C., cuando el ejército romano saqueó a Jerusalén como respuesta a su rebelión, su majestuoso templo estaba en el centro de la vida judía. El sistema sacrificial había prosperado, y miles de sacerdotes anhelaban ser nombrados para servir en el templo de la ciudad santa. La posición del sumo sacerdote continuó también, aunque las acciones de sumos sacerdotes como Caifás y su suegro Anás, demostraban que a los sumos sacerdotes del tiempo de Jesús les importaba más su supervivencia política que la condición espiritual del pueblo. Estos sacerdotes le tenían más temor a Roma que a Dios (ver Juan 11:48-50; 18:19-24; Hechos 4:5-7, 13-18).

El escritor de Hebreos declaró que Jesús era de un orden superior al de todos los sumos sacerdotes del pasado o del presente. Jesús era el Gran Sumo Sacerdote. Así como Él era el Rey de reyes y el Señor de señores, Jesús era también el Sacerdote de los sacerdotes –el Gran, o Supremo, Sumo Sacerdote.

Jesús es nuestro Gran Sumo Sacerdote porque Él dio Su vida en la cruz como un sacrificio expiatorio por los pecadores, y se levantó de los muertos, victorioso sobre el pecado y la muerte. Los sumos sacerdotes terrenales vivían, servían y después morían. Pero Jesús vive para siempre para interceder por todos los que confían en Él para su salvación (ver Hebreos 7:25). Los sumos sacerdotes terrenales entraban en el lugar santísimo del templo para presentarse delante de Dios. Pero Jesús entró directamente a la presencia del Padre celestial, y se sentó a Su diestra (ver Hebreos 1:3).

¿De qué maneras específicas ven las demás personas la manera como tú demuestras tu fe en Cristo?

Como nuestro Sumo Sacerdote, Jesús, entiende lo que es ser humano, y enfrentar las limitaciones y las debilidades de nuestra naturaleza física. Él asumió la naturaleza humana cuando vino a la Tierra como un niño nacido de la virgen María. Se despojó de Su posición divina, y se encarnó con todas las necesidades y debilidades físicas, incluyendo la muerte física (ver Filipenses 2:6-8). Experimentó sed, hambre, agotamiento, aflicciones, decepciones e ira.

Por otra parte, Jesús, como nuestro Sumo Sacerdote, experimentó la poderosa atracción de la tentación (ver Mateo 4:1-11). Fue puesto a prueba y tentado de todas las maneras que podemos ser tentados los humanos, pero con una diferencia gigantesca: ¡Jesús nunca pecó! Ni de pensamiento, palabra o acción. Ni una sola vez dejó de vivir en obediencia al Padre. Aun cuando se acercaban Su terrible sufrimiento y Su brutal muerte en la cruz, Jesús oró con estas palabras al Padre: "Pero no se haga mi voluntad, sino la tuya" (Lucas 22:42).

Cuando nos miramos honestamente en el espejo de la Palabra de Dios, tomamos conciencia de nuestras debilidades, tanto físicas como espirituales. Pero podemos encontrar fortaleza en el conocimiento de que nuestro Salvador no solamente lo entiende, sino que también es movido a misericordia por nosotros para ayudarnos. Por Su Espíritu que vive en nosotros, nuestro Gran Sumo Sacerdote nos da fuerzas para resistir la tentación, así como Él resistió en cada situación.

¿Cómo te ayuda a resistir las tentaciones, saber que Jesús enfrentó y venció toda tentación?

Jesús entiende lo que estamos enfrentando cuando somos tentados, y sabe lo que necesitamos para escapar de la tentación (ver 1 Corintios 10:13). Con humildad y en oración, podemos ir a Su presencia con arrepentimiento y marcharnos perdonados. Podemos dejar nuestras debilidades a sus pies y marcharnos con Su fortaleza. Podemos acercarnos a Él en nuestros momentos de necesidad y marcharnos con una superabundancia de Su misericordia y Su gracia.

¿Qué puede dar pie a que una persona pierda confianza para acercarse al Señor en oración en busca de ayuda?

> **Doctrina clave: La vida inmaculada de Jesús**
>
> Jesús reveló y obedeció a la perfección la voluntad de Dios, tomando sobre Sí mismo la naturaleza humana e identificándose por completo con la humanidad, pero sin pecar.

SOLO EN CRISTO *(Lee Hebreos 5:1-6).*

Un sumo sacerdote terrenal era tomado de entre los hombres para desempeñar su importante ministerio. Por una parte, servía a Dios enseñando Su Palabra al pueblo. Por otra, representaba al pueblo delante de Dios, presentando diversos sacrificios, incluyendo las ofrendas por el pecado. Un verdadero y piadoso sumo sacerdote tomaba seriamente su llamamiento para ser siervo de Dios y del pueblo de Dios. Tomaba con seriedad el asunto de los pecados del pueblo, porque Dios tomaba seriamente sus pecados.

Como el Dios-Hombre, Jesús también viene de entre la humanidad. El autor de Hebreos dice eso en 2:17, y lo implica de nuevo en 5:1. Sin embargo, también muestra en los versículos que siguen, que los parecidos entre los sumos sacerdotes terrenales y Jesús, eran rebasados por la grandeza o singularidad de Jesús.

Un fiel y misericordioso sumo sacerdote puede tratar gentilmente a los pecadores, porque sabe que él también tiene luchas con las debilidades de la carne. De hecho, todo sumo sacerdote terrenal que se acercaba a Dios en el Día de la Expiación, tenía primero que presentar una ofrenda expiatoria tanto por sí mismo como por su familia (ver Levítico 16:6-14).

¿Cómo el saber que Jesús empatiza con nuestras necesidades puede ayudarnos a acercarnos al Padre con nuestras necesidades?

El ministerio de Jesús era similar al de un sumo sacerdote terrenal, en cuanto a que Él entiende nuestras luchas con la tentación. Fue probado de maneras semejantes, pero sin ceder al pecado (ver Hebreos 4:15). Él también ofreció un sacrificio por el pecado. Pero Su sacrificio no fue por Él. Jesús fue la ofrenda misma por el pecado. Se dio a Sí mismo en la cruz para que nosotros pudiéramos estar bien con Dios por medio de la fe en Él (ver 2 Corintios 5:21).

Dios llamó a Aarón, el hermano de Moisés, para ser el primer sumo sacerdote (ver Éxodo 28:1). Pero Aarón cometió un grave pecado al ceder al deseo de los israelitas, en el monte Sinaí, de hacer un ídolo, un becerro de oro, (ver Éxodo 32:1-4). Dios perdonó misericordiosamente a Aarón, y le permitió servir como sumo sacerdote. El punto importante para el escritor de Hebreos, era que Aarón no tomó el papel de sumo sacerdote por su propio deseo o por sus cualidades morales. Dios llamó a Aarón a servir. Esta verdad sigue siendo válida para aquellos a quienes Dios llama al servicio cristiano hoy. No es debido a nuestras cualidades; sino que es por la gracia de Dios.

Jesús no tomó el ministerio de Sumo Sacerdote para Su propia gloria. Por el contrario, el Padre celestial llamó al Hijo a este servicio en beneficio de los creyentes. Jesús sirve para siempre como el Sumo Sacerdote del creyente.

En este contexto, el escritor de Hebreos se refirió al ejemplo bíblico de Melquisedec, un nombre que significa "mi rey es justicia". Melquisedec apareció en escena abruptamente, y desapareció del mismo modo, en la época de Abram, o Abraham (ver Génesis 14:18-20). Identificado como rey de Salem y sacerdote del Dios Altísimo, Melquisedec bendijo a Abraham después de una victoria militar de éste, y recibió una ofrenda del agradecido patriarca. En el Salmo 110, el rey David mencionó a Melquisedec como el tipo de sacerdote que sería el Mesías que habría de venir. El escritor de Hebreos utilizó el ejemplo de Melquisedec varias veces para reforzar el ministerio de Jesús como el Gran Sumo Sacerdote de los creyentes (ver Hebreos 5:6, 10; 6:20; 7:1-3, 10, 11, 14, 17).

¿Cómo afecta tu vida de oración el saber que Jesús es nuestro Gran Sumo Sacerdote para siempre?

¿Cómo afecta ese hecho tu confianza, al confesar tu fe en Cristo en una cultura escéptica y algunas veces hostil?

> **Preparación bíblica:** Utiliza una concordancia y/o un diccionario bíblico para conocer mejor algún aspecto de la vida religiosa de Israel.
>
> Emplea una concordancia para encontrar referencias en la Biblia en cuanto al "sumo sacerdote". Toma nota de lo que encuentres en cuanto al rol y a la importancia del sumo sacerdote. Haz una lista de todos los nombres que puedas encontrar, de personas que sirvieron como sumo sacerdote.

❯ OBEDECE EL TEXTO

Cristo hace posible que todo ser humano puede acercarse al Padre con confianza. Él conoce nuestros límites y nuestras necesidades más grandes, y está dispuesto a darnos Su gracia y Su fortaleza. Al mostrar la gracia y la misericordia de Dios a los demás, damos evidencias de Cristo a un mundo que está observando.

¿Qué pasos necesitas dar para aumentar tu confianza en Cristo?

¿Qué te impide empatizar de otras personas cuando éstas revelan necesidades de oración?

¿Qué acciones puedes tomar para demostrar una mayor preocupación por los miembros del grupo que tengan necesidad de algo?

MEMORIZA

"Acerquémonos, pues, confiadamente al trono de la gracia, para alcanzar misericordia y hallar gracia para el oportuno socorro" (Hebreos 4:16).

Utiliza el espacio que sigue para escribir tus observaciones y anotar las peticiones de oración durante las reuniones de grupo de esta sesión.

MI REFLEXIONES

Escribe tus ideas y tus preguntas de la reunión de grupo.

_____
_____
_____
_____
_____
_____
_____

MI RESPUESTA

Indica de qué maneras específicas pondrás en práctica la verdad explorada esta semana.

_____
_____
_____
_____
_____
_____
_____

MIS ORACIONES

Haz una lista de las necesidades específicas de oración y de las respuestas a las mismas, para recordarlas esta semana.

_____
_____
_____
_____
_____
_____
_____

SESIÓN 5

NO TE ALEJES

Rechazar a Cristo lleva a la desesperanza.

ENTIENDE EL CONTEXTO

PREPÁRATE CON LAS PÁGINAS QUE SIGUEN PARA TU REUNIÓN DE GRUPO.

La esperanza no se consigue fácilmente, y no dura mucho tiempo si está basada únicamente en las circunstancias. Es por eso que, cuando las cosas están yendo bien en nuestras vidas, la esperanza surge, aumenta en intensidad y se mantiene. Pero cuando llegan los tiempos difíciles, nuestra sensación de esperanza disminuye y, algunas veces, desaparece.

Pero el concepto bíblico sobre la esperanza es diferente. En las Escrituras, la esperanza es algo que perdura. Perdura, porque está basada en el Señor vivo y eterno, no en nuestras circunstancias. El tema de la madurez espiritual en Cristo ocupa el centro de atención en el libro de Hebreos. Si perseveramos en el objetivo de lograr la madurez en Cristo, nos regocijaremos por la manera que Él nos fortalece. Aquellos que se alejan de su devoción a Cristo por las dificultades la vida o por la oposición a la fe, demuestran que necesitan crecer en su fe, o que tal vez nunca recibieron, realmente, la salvación en Él.

El autor de Hebreos sostiene que a estas alturas, sus lectores debían haber estado mucho más maduros en la fe que lo que estaban demostrando (ver 5:11-14). Los comparó con niños pequeños cuya dieta consiste solamente en leche en vez de alimento sólido. Muchos estaban actuando de manera tan inmadura que seguían necesitando ser alimentados solamente con la "leche" de la Palabra de Dios. A juicio del autor, debían tener ya la madurez suficiente para enseñar a otros. Por el contrario, estaban atascados en el kindergarten espiritual.

Había llegado el momento de que esos creyentes avanzaran hacia la madurez espiritual en Cristo. Ese es el mensaje urgente que el autor de Hebreos quería dejar en claro a quienes estaban todavía titubeando en la fe.

> "LA MADUREZ COMIENZA CON UNA DECISIÓN: LA DECISIÓN DE HACER DE NUESTRO CRECIMIENTO EN CRISTO UNA PRIORIDAD. AUNQUE SOMOS SALVOS POR FE, NO POR OBRAS, NUESTRO CRECIMIENTO EN LA FE REQUIERE QUE ESTEMOS INVOLUCRADOS EN EL PROCESO".
> —David Jeremiah

► HEBREOS 6:1-8

1 Por tanto, dejando ya los rudimentos de la doctrina de Cristo, vamos adelante a la perfección; no echando otra vez el fundamento del arrepentimiento de obras muertas, de la fe en Dios,

2 de la doctrina de bautismos, de la imposición de manos, de la resurrección de los muertos y del juicio eterno.

3 Y esto haremos, si Dios en verdad lo permite.

4 Porque es imposible que los que una vez fueron iluminados y gustaron del don celestial, y fueron hechos partícipes del Espíritu Santo,

5 y asimismo gustaron de la buena palabra de Dios y los poderes del siglo venidero,

6 y recayeron, sean otra vez renovados para arrepentimiento, crucificando de nuevo para sí mismos al Hijo de Dios y exponiéndole a vituperio.

7 Porque la tierra que bebe la lluvia que muchas veces cae sobre ella, y produce hierba provechosa a aquellos por los cuales es labrada, recibe bendición de Dios;

8 pero la que produce espinos y abrojos es reprobada, está próxima a ser maldecida, y su fin es el ser quemada.

Piensa en esto

Señala las seis creencias básicas cristianas mencionadas en los versículos 1 y 2.

Lee los versículos 4a (hasta la palabra "iluminados") y 6, como una sola oración. Fíjate en lo que es imposible, y por qué razón.

48 EXPLORA LA BIBLIA

EXPLORA EL TEXTO

CRECER EN LA FE *(Lee Hebreos 6:1-3).*

El autor comenzó esta sección con la frase "por tanto". Esta frase conecta las enseñanzas que se encuentran en los capítulos 4 y 5 acerca de Jesús como el Gran Sumo Sacerdote, con la vehemente advertencia en contra de la falta de madurez. Conformarse con una fe inmadura, ya sea por apatía espiritual o por temor, sería una decisión desastrosa por parte de cualquier creyente.

Además, tal decisión no tiene sentido. Los creyentes tienen un Gran Sumo Sacerdote en Jesucristo. Él conoce nuestras debilidades. Él mismo aprendió la obediencia al Padre por medio de los sufrimientos que padeció (5:8). Por consiguiente, Jesús es la Fuente de ayuda para quienes lo siguen. Apartarnos de nuestra confesión de Cristo, es privar al alma del alimento sólido que ella anhela.

No debemos malinterpretar lo que dice el autor en el versículo 1 en cuanto a *dejando*, o avanzando más allá de los principios básicos de la doctrina de Cristo. No quiso decir que debemos dejar atrás al evangelio en favor de otra serie de creencias. En vez de eso, lo que quiso decir es que, una vez que alguien ha puesto su fe en Cristo para salvación, ese creyente debe crecer espiritualmente, basándose en las verdades ya aceptadas. Dejar las enseñanzas rudimentarias significa tomar los rudimentos de la fe y comenzar a enhebrar palabras, frases, párrafos y capítulos para tener una vida de obediencia a Cristo. En el momento que una persona recibe a Cristo como Salvador y Señor, comienza a escribir una historia incesante de su nueva fe en Él.

Con la palabra *vamos*, el autor exhortó a sus lectores como un hermano en Cristo. Era un estimado líder cristiano y maestro de la Palabra de Dios, pero se incluyó entre aquellos que necesitaban seguir adelante hacia la madurez espiritual. El apóstol Pablo hizo suya esta convicción cuando reconoció que aunque él había sido capturado totalmente por Cristo, no había alcanzado todavía la meta de la plena madurez. Cada día, Pablo dejaba atrás el pasado y se extendía a lo que estaba por delante (Fil 3:12-14). Lo mismo debemos hacer nosotros.

El autor enumeró las siguientes seis verdades elementales del evangelio, como un fundamento para nuestras vidas:

1. El arrepentimiento. Las religiones basadas en las obras insisten en que tenemos que ganarnos la salvación haciendo buenas obras. El evangelio declara que incluso nuestras mejores acciones son obras muertas. No tienen ningún poder para anular nuestra naturaleza pecaminosa. Tenemos que arrepentirnos de nuestros pecados, es decir, darles la espalda. Además, tenemos que arrepentirnos de la confianza en nuestra propia justicia.

2. Fe. No la fe en algo, sino la fe en Dios. Dios estaba en Cristo, dice la Biblia, reconciliando consigo al mundo (ver 2 Corintios 5:19). Con el arrepentimiento, rechazamos la confianza en nosotros mismos; con la fe, nos volvemos a Dios, confiando en Jesucristo como Aquel a quien Padre envió para ser el Salvador del mundo (ver Juan 3:16, 17).

¿Cómo explicarías a un amigo que no conoce a Cristo, qué son el arrepentimiento y la fe?

3. Bautismos. Esta indicación pudo haber estado relacionada con la idea del bautismo del creyente. Sin embargo, la forma plural de la palabra permite pensar que el autor pudo haber estado refiriéndose a los ritos de purificación que eran parte del trasfondo de los lectores en el judaísmo. La indicación pudo haber sido una aclaración entre el bautismo cristiano y los rituales judíos. Desde la más temprana predicación del evangelio, el bautismo por inmersión en agua era presentado como el acto inicial de obediencia por parte del creyente de su confesión de Cristo como Señor (ver Mateo 28:19; Hechos 2:37, 38; 8:36-38).

4. Imposición de manos. En el libro de Hechos, este sencillo acto de adoración estaba conectado, por lo general, con la presencia del Espíritu Santo en los creyentes y con su poder en ellos (ver Hechos 6:6; 8:17; 13:3; 19:6; 28:8). Por otro lado, el acto era utilizado para confirmar los dones espirituales, y el llamamiento a los líderes (ver 2 Timoteo 1:6).

5. Resurrección de los muertos. Por la resurrección de Jesús de los muertos, los cristianos vivimos también con la esperanza segura de que seremos resucitados en Él (ver 1 Corintios 15:20-22).

6. Juicio eterno. Después de la muerte viene el juicio (ver Hebreos 9:27). Todos compareceremos ante el Señor un día. Sin embargo, para los creyentes esta comparecencia será un momento para recibir recompensas y bendiciones, una experiencia para honrar a Aquél que ha arreglado todo (1 Corintios 3:11-15).

Al obedecer a Cristo, Dios nos permite construir nuestras vidas sobre el fundamento del evangelio. Nunca queremos descuidar, o alejarnos del fundamento. Pero tampoco podemos quedarnos en el primer piso de la fe. Tenemos que crecer, edificando sobre el fundamento del evangelio hacia una vida cristiana completamente madura y cada vez más semejantes a Cristo (ver Efesios 4:14-16).

¿Cómo están conectadas la obediencia y la fe? ¿Qué nos enseña la obediencia al Señor en cuanto a la fe en Él?

> **Doctrina clave: La seguridad en Jesús**
>
> Todos los creyentes verdaderos perseveran hasta el fin. Aquellos a quienes Dios ha aceptado en Cristo, nunca caerán del estado de gracia, sino que perseverarán hasta el fin.

PARA QUE NO TE Alejes (Lee Hebreos 6:4-8).

Estos versículos están entre los más difíciles de entender en el libro de Hebreos. Estudiosos de la Biblia llegan a opiniones divergentes en cuanto a si estos versículos describen a una creyente inmaduro; a una persona que profesaba ser creyente pero que demostraba que no era; o si se trataba de un ejemplo hipotético destinado a mostrar lo inimaginable que es que los creyentes se aparten de su fe en Cristo. Los versículos se basan en la exhortación del autor en 6:1-3 de proseguir a la meta de la madurez espiritual.

El autor había advertido a sus lectores que no imitaran el ejemplo de los rebeldes israelitas de los tiempos del Antiguo Testamento (ver 3:7-11). Esa generación del pueblo de Dios había llegado a las puertas de la tierra prometida, pero se negaron a entrar. Tuvieron temor de los obstáculos que enfrentarían en ese territorio. No confiaron en que Dios cumpliría Sus promesas. Por consiguiente, Dios no le permitió a esa generación que entrara en la tierra para recibir las bendiciones que Él había dispuesto para ellos. No los desheredó ni tampoco declaró que nunca más pertenecerían a Él. Pero no permitió que ninguno de los que habían desobedecido se asentara en la tierra prometida. Murieron en el desierto.

Avancemos ahora rápidamente a la era del Nuevo Testamento. ¿Estaban algunos de los lectores del libro de Hebreos acercándose peligrosamente a un destino semejante? Su falta de fe no involucraba una promesa geográfica, sino la promesa de una vida de plenitud y de significado en Cristo (ver Juan 10:10). Estos creyentes coqueteaban con el regreso al judaísmo, de manera parecida a los rebeldes israelitas que hablaron de regresar a Egipto (ver Números 14:3, 4).

¿Cómo se compara la descripción del creyente en los versículos 4b–5, con la idea que tenemos de lo que significa ser un seguidor de Cristo?

El autor explicó lo que implicaba un retroceso en la fe. Si fuera posible que alguien que había gustado del beneficio del evangelio, que había creído, y que había disfrutado de las bendiciones de la salvación, se apartara de la fe, entonces esa persona nunca podría ser renovada para arrepentimiento. ¿Por qué no? Porque la acción de esa persona arrojaría desprecio a Jesús. Esa acción, en efecto (aunque no en realidad) pondría de nuevo a Jesús en la cruz, en vez de reinar como el Señor victorioso y resucitado.

Dios bendice a quienes perseveran en la fe hacia la madurez espiritual. Nuestra valiente confesión de fe en Cristo, aun frente a la oposición o las dificultades, demuestra la realidad de nuestra fe. Es la evidencia de la salvación auténtica.

Preparación bíblica: Utiliza varios pasajes de la Biblia para entender las doctrinas principales.

La cuestión de si un creyente auténtico puede perder su salvación, es un asunto que va al meollo de la doctrina de la salvación. Lee los pasajes que siguen, y toma nota de lo que ellos enseñan en cuanto a la salvación en Jesús: Juan 10:27-29; Romanos 8:1, 38, 39; Efesios 1:13, 14; Filipenses 1:6; 1 Pedro 1:5.

¿Cómo podemos relacionar estos pasajes con Hebreos 6:4-6?

SESIÓN 5: *No te alejes* 53

❯ OBEDECE EL TEXTO

Los creyentes deben esmerarse por demostrar su salvación, y avanzar siempre hacia una mayor madurez espiritual. Los creyentes maduros pueden prevenir a otros de los peligros de la inmadurez y la desobediencia. Pueden ayudarse unos a otros a ver que la vida cristiana es un compromiso de fe de toda la vida, que crece y produce fruto espiritual.

¿Qué acciones específicas necesitas tomar para fortalecer tu relación con Cristo? ¿Quién te puede ayudar esta semana, para mantenerte en plan con la acción que tomes?

¿Cómo puedes advertir a alguien sobre los peligros de dejar de crecer espiritualmente, sin parecer condenatorio o superior?

¿Cómo puedes desafiar a otros creyentes a desarrollarse espiritualmente sobre el fundamento de su fe? ¿Qué papel puedes jugar en cuanto a la ayuda que puedes dar a otros para que maduren en su fe y produzcan fruto espiritual?

MEMORIZA

"Por tanto, dejando ya los rudimentos de la doctrina de Cristo, vamos adelante a la perfección" (Hebreos 6:1a).

Utiliza el espacio que sigue para escribir tus observaciones y anotar las peticiones de oración durante las reuniones de grupo de esta sesión.

MI REFLEXIONES
Escribe tus ideas y tus preguntas de la reunión de grupo.

_____
_____
_____
_____
_____
_____
_____

MI RESPUESTA
Indica de qué maneras específicas pondrás en práctica la verdad explorada esta semana.

_____
_____
_____
_____
_____
_____
_____

MIS ORACIONES
Haz una lista de las necesidades específicas de oración y de las respuestas a las mismas, para recordarlas esta semana.

_____
_____
_____
_____
_____
_____
_____

SESIÓN 5: *No te alejes*

SESIÓN 6

SOLO JESÚS SALVA

Jesús es el Único que puede salvarnos.

⟩ ENTIENDE EL CONTEXTO

PREPÁRATE CON LAS PÁGINAS QUE SIGUEN PARA TU REUNIÓN DE GRUPO.

Para el autor de Hebreos, Abraham fue un caso práctico de alguien cuyas fe y acciones en el Antiguo Testamento apuntaban a la superioridad de Jesús como el Sumo Sacerdote del creyente. Dios hizo una promesa a los descendientes de Abraham, y la garantizó con un juramento. Abraham descubrió que Dios cumplió Su promesa. Dios hizo la promesa de que el ministerio de Jesús como Sumo Sacerdote sería similar en tipo al del sacerdote Melquisedec del Antiguo Testamento (ver Hebreos 6:13-20). El autor abundó en detalles al explicar las maneras cómo el ministerio de Melquisedec prefiguró el ministerio de Jesús como Sumo Sacerdote de los creyentes (ver 7:1-10).

Basándose en Génesis 14:18-20 y Salmos 110:4, el autor describió a Melquisedec como un sacerdote del Dios Altísimo. Él era, también, rey de Salem, un nombre que significa "paz". Las Escrituras no proporciona ninguna genealogía de Melquisedec, y por esta razón prefiguró la naturaleza eterna de Jesús. Además, Abraham dio la ofrenda del diezmo a Dios por medio de Melquisedec, un acto que precedió al sacerdote levítico por cientos de años. Por tanto, Melquisedec representó un sacerdocio anterior y superior al del judaísmo. Prefiguró el ministerio de Jesús como el Gran Sumo Sacerdote del creyente.

Por consiguiente, el hecho de que un cristiano judío regresara al judaísmo, significaba que volvía a un sacerdocio inferior. El autor de Hebreos presentó después un argumento cuidadosamente razonado en cuanto a la singularidad y superioridad del ministerio de Jesús como Sumo Sacerdote (ver 7:11-28). A semejanza del ministerio de Melquisedec, el ministerio de Jesús como Sumo Sacerdote no estaba basado en la ley de Moisés, sino en el poder de una vida indestructible. Por tanto, Jesús estableció en Sí mismo un nuevo y mejor pacto. Él es el Gran Sumo Sacerdote al cual la ley de Moisés solo podía señalar.

> "PUESTO QUE JESÚS ES NUESTRO SUMO SACERDOTE, Y ÉL NUNCA NOS DEJA NI CAMBIA, PUEDE PASTOREARNOS HASTA NUESTRO HOGAR CELESTIAL, A LA GLORIA. NINGÚN OTRO SACERDOTE SERÁ JAMÁS NECESARIO".
> —*David Jeremiah*

HEBREOS 7:23-28

23 Y los otros sacerdotes llegaron a ser muchos, debido a que por la muerte no podían continuar;

24 mas éste, por cuanto permanece para siempre, tiene un sacerdocio inmutable;

25 por lo cual puede también salvar perpetuamente a los que por él se acercan a Dios, viviendo siempre para interceder por ellos.

26 Porque tal sumo sacerdote nos convenía: santo, inocente, sin mancha, apartado de los pecadores, y hecho más sublime que los cielos;

27 que no tiene necesidad cada día, como aquellos sumos sacerdotes, de ofrecer primero sacrificios por sus propios pecados, y luego por los del pueblo; porque esto lo hizo una vez para siempre, ofreciéndose a sí mismo.

28 Porque la ley constituye sumos sacerdotes a débiles hombres; pero la palabra del juramento, posterior a la ley, al Hijo, hecho perfecto para siempre.

Piensa en esto

Cuando la palabra "mas" o "pero" aparece en una oración, por lo general establece un contraste entre dos o más cosas. Encuentra los dos ejemplos de esta palabra en estos versículos.

> EXPLORA EL TEXTO

UN SACERDOTE PERMANENTE
(Lee Hebreos 7:23-24).

El autor de Hebreos se esforzó por describir a Jesús como el Gran Sumo Sacerdote. En estos versículos, siguió explicando que Jesús era superior a los sacerdotes levíticos. Éstos habían tenido su comienzo con Aarón, el hermano de Moisés. Cuando los israelitas acamparon en el monte Sinaí, Dios designó a Aarón como el primer sacerdote (ver Éxodo 28:1). Después de que Aarón murió, su hijo Eleezar lo reemplazó y se convirtió en el siguiente sacerdote sobre Israel (ver Deuteronomio 10:6). El sacerdocio continuó a lo largo de todo el tiempo del Antiguo Testamento, y seguía en existencia durante el tiempo del Nuevo Testamento. Cada uno de los sacerdotes tenía las mismas limitaciones humanas. Ser sumo sacerdote no protegía a una persona del enfrentamiento a la muerte. Cuando un sacerdote moría, el ministerio pasaba a otro.

¿Cómo describirías las limitaciones que enfrentaba un sacerdote judío? ¿Cómo apuntaba cada limitación a la necesidad de un mejor sacerdote?

En contraste con los sacerdotes levíticos, que servían y morían, Jesús era único, y por una razón importante. Jesucristo es eterno. Esa singularidad lo hacía superior a cualquier sumo sacerdote terrenal. Jesús nunca tendría que dejar que Su sacerdocio pasara a otra persona.

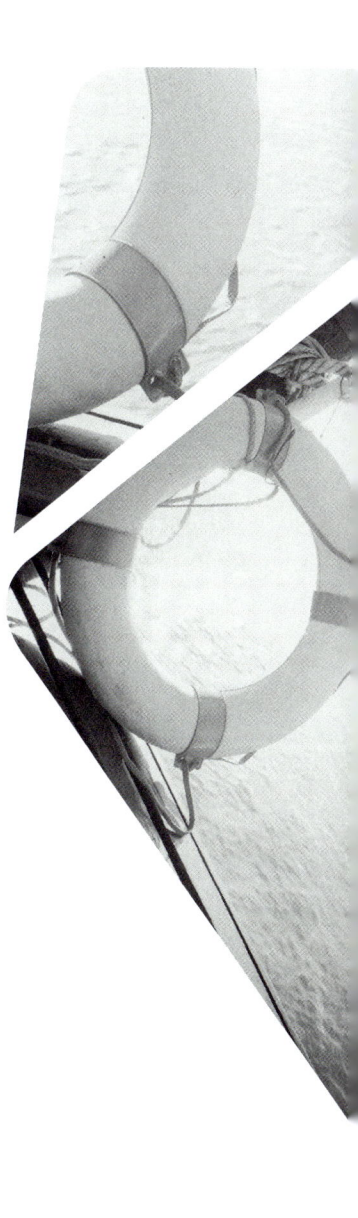

Para los cristianos hoy, la certidumbre de la relación permanente con nosotros como nuestro eterno Sumo Sacerdote, nos da la seguridad de Su ministerio interminable en nuestras vidas. Cuando estudiamos la Palabra de Dios, Él se nos da a conocer en las páginas de las Escrituras. Podemos recurrir a Él por ayuda en los momentos de dificultad por causa de la persecución al evangelio o por nuestra debilidad contra la tentación. Cuando pensamos en el futuro, no tenemos que temer, porque vivimos con la seguridad de que Él estará allí, también. El Señor nunca estará ausente, ni jamás será reemplazado.

¿Cuando piensas en Jesús como tu Gran Sumo Sacerdote, ¿qué seguridades te da esa realidad?

CAPAZ DE SALVAR (Lee Hebreos 7:25).

Con sus confiadas aseveraciones en cuanto a Jesús, el autor de Hebreos nos ofrece una declaración sorprendente. Jesús se destaca como nuestro absoluto y eterno Sumo Sacerdote. Por consiguiente, podemos vivir siempre con la confianza de que la manera de tener una relación correcta con Dios nunca cambiará. No importa cuántos siglos transcurran o cuántos cambios se produzcan en la cultura, Jesús siempre será único como el fundamento del evangelio. Él nunca será quitado de Su lugar de prominencia, porque solo Él tiene el poder para dar el regalo de la vida eterna. Por cuanto murió en la cruz y se levantó de la muerte para vivir eternamente, Jesús puede salvar a cualquier persona que acuda a Él.

Cuando pensamos en la salvación, disfrutamos de la perspectiva general. Esa es la única manera que tenemos de ver hasta qué punto se extiende la salvación del Señor a nuestras vidas. Ser salvos significa que hemos recibido el regalo de Dios de la salvación, y que hemos sido rescatados del sometimiento al pecado. Dimos la bienvenida a Cristo a nuestras vidas, cuando nos arrepentimos de nuestros pecados y depositamos toda nuestra fe en Él. Cuando el Señor nos dio una vida nueva, cambió todo para nosotros.

Por medio de Él, comenzamos una peregrinación de fe personal con Dios.

Ser salvo significa también crecer en nuestra relación con Dios. Nunca perdamos de vista la sublima realidad de que Él nos ama como sus hijos. Y porque nos ama, nos guía para que comprendamos Su propósito, y nos da el poder para vivir genuinamente ese propósito para Su gloria. Hacer esto nos da un contentamiento incomparable en Él.

Ser salvo tiene también una dimensión futura. Significa que esperamos con ansias estar en el cielo un día con Dios y con todos los creyentes. No podemos ganarnos una morada en el cielo por nuestras obras. Jesús está preparando ese lugar para quienes crean en Él (ver Juan 14:1-3). Por lo tanto, podemos tener la plena seguridad de que el cielo será nuestro hogar eterno.

Todas estas bendiciones de la salvación son nuestras como cristianos, porque Jesús vive eternamente para interceder por nosotros. Está sentado a la diestra del Padre celestial, y aboga para siempre por los creyentes basándose en Su vida inmaculada, Su muerte expiatoria, y Su triunfante resurrección. Él hizo todo lo que era necesario para satisfacer la ira de Dios contra el pecado, para destruir la maldición del pecado sobre la humanidad, y para darnos la salvación.

Puesto que Cristo vive en nosotros los creyentes por medio del Espíritu Santo, Él nos da todo lo que necesitamos para que podamos llegar a ser seguidores maduros espiritualmente. No tenemos nunca que preguntarnos si alguien o algo más son necesarios para que aboguen por nuestra salvación. Cristo intercede por nosotros de una manera perfecta y eterna, hoy, mañana, y por siempre.

¿Ves tú como restrictivo o liberador el hecho de que Jesús es el único camino para la salvación? Explica tu respuesta.

> **Doctrina clave: Nuestro sustituto**
>
> Jesús honró la ley divina con Su obediencia personal, y por Su muerte expiatoria en la cruz hizo posible la salvación de las personas del pecado.

POR SU CARÁCTER (*Lee Hebreos 7:26-28*).

Jesús satisface cada necesidad en nuestra relación con Dios, porque Él es único como nuestro Gran Sumo Sacerdote. Sus singulares credenciales lo colocan por encima de todo lo que pudiera intentar desempeñar ese papel. Él es santo, absolutamente único. No hay nadie como Jesús, porque Él es perfectamente justo.

Aunque se identificó con nosotros al tomar la naturaleza humana, Jesús es diferente de nosotros porque Él nunca pecó. Vivió en la carne por un breve tiempo, pero ahora está en el cielo, tras haber ascendido de la Tierra después de Su resurrección (ver Hechos 1:9). Él estuvo y está exaltado para siempre.

¿Cómo declararías, con tus propias palabras, que Jesús es el Sumo Sacerdote que necesitas?

Jesús no tiene que hacer más sacrificios. Dios exigía que los sacerdotes terrenales ofrecieran sacrificios por sus propios pecados, antes de poder ofrecer sacrificios por los pecados de los demás (ver Levítico 4:3;

16:6). Por el contrario, al dar Su vida por nosotros en la cruz Jesús ofreció el sacrificio perfecto por el pecado, una vez y para siempre.

¿Cómo puedes tú expresar tu gratitud a Jesús por haberse dado a Sí mismo como el Sacrificio para garantizar tu salvación?

El autor de Hebreos concluyó haciendo una comparación entre la ley y la promesa de Dios. Una ley puede ser derogada o cambiada, pero un juramento de promesa jamás podía ser borrado o modificado. El contraste entre el requerimiento de la ley y la promesa de Dios, llama a los creyentes a tener una certeza firme. En vez de ser mortal como los sacerdotes terrenales, Jesús vive para siempre. Él nunca morirá.

¿Cómo explicarías a un amigo que solamente Jesús está calificado para dar salvación?

Preparación bíblica: Crea una tabla de comparación para estudiar un pasaje.

Usando el espacio debajo, enumera las palabras y las frases que describan a los sacerdotes terrenales. En el otro lado enumera las palabras y frases que describen a Jesús el Hijo como el Sumo Sacerdote. Utiliza la tabla para estudiar Hebreos 7:11-28.

SACERDOTE TERRENAL

JESÚS El GRAN SUMO SACERDOTE

❯ OBEDECE EL TEXTO

Solamente Jesús está calificado para salvar a los pecadores del pecado, la muerte, y el infierno. Puesto que la salvación está basada en la vida inmaculada de Jesús, Su muerte expiatoria y Su triunfante resurrección, quienes crean en Él pueden vivir devotamente y dar testimonio del evangelio con confianza.

¿A qué cosa o quién has confiado tu vida? Dedica tiempo esta semana para examinar tu respuesta a esta pregunta. Si nunca has aceptado la salvación que Cristo da, habla con tu líder de estudio bíblico o con alguien de tu grupo.

¿A quiénes has comunicado el evangelio recientemente? ¿Cómo puedes utilizar el estudio de esta semana para hablar con alguien acerca de la salvación en Jesús?

Identifica tus temores más grandes cuando se trata de hablar con otros acerca de Jesús. ¿Cómo resuelve este pasaje esos temores? ¿Qué acción puedes tomar esta semana para superar uno de esos temores?

MEMORIZA

"por lo cual puede también salvar perpetuamente a los que por él se acercan a Dios, viviendo siempre para interceder por ellos" (Hebreos 7:25).

Utiliza el espacio que sigue para escribir tus observaciones y anotar las peticiones de oración durante las reuniones de grupo de esta sesión.

MI REFLEXIONES

Escribe tus ideas y tus preguntas de la reunión de grupo.

_____
_____
_____
_____
_____
_____
_____

MI RESPUESTA

Indica de qué maneras específicas pondrás en práctica la verdad explorada esta semana.

_____
_____
_____
_____
_____
_____
_____

MIS ORACIONES

Haz una lista de las necesidades específicas de oración y de las respuestas a las mismas, para recordarlas esta semana.

_____
_____
_____
_____
_____
_____
_____

GUÍA PARA EL LÍDER—SESIÓN 1

PARA COMENZAR

OPCIONES PARA INICIAR LA REUNIÓN: Elije una de las siguientes opciones para iniciar el dialogo grupal:

FRASE DE LA SEMANA PARA INICIAR EL DIÁLOGO: "Nunca el Jesús de la Biblia había sido tan arrastrado por el lodazal, como lo está siendo ahora por la cultura actual". —DAVID JEREMIAH

- ¿Cuál es su primera reacción a la frase de esta semana?

- ¿Qué tanta tensión han experimentado en cuanto a las ideas que tienen las personas en cuanto a Jesús?

ACTIVIDAD CREATIVA: Antes de la reunión del grupo, imprime entre 3 y 5 imágenes diferentes que muestren a Jesús. Pueden ser pinturas, afiches de cine, ilustraciones bíblicas, etcétera. (Nota: Las imágenes a color serán más efectivas). Muestra las imágenes de una manera que sean visibles a los miembros del grupo durante la reunión. Utiliza las siguientes preguntas para iniciar el diálogo:

- ¿Cuál es su reacción emocional ante estas imágenes?

- ¿Cuál imagen caracteriza mejor a Jesús en sus mentes? ¿Por qué?

ENTIENDE EL CONTEXTO

PROPORCIONA EL TRASFONDO: Presenta brevemente el libro de Hebreos a los miembros del grupo, mencionando sus temas principales y cualquier información o idea que ayude a los miembros del grupo a explorar Hebreos 1:1-4, específicamente. Después, haz las siguientes preguntas para que conecten personalmente el contexto de hoy con el contexto original:

- ¿Por qué razón los cristianos del primer siglo podían sentirse tentados a alejarse de su fe en Jesús?

- ¿Cómo es la persecución en la cultura moderna?

- ¿Cómo son ustedes tentados a olvidar o abandonar lo que creen acerca de Jesús?

❯ EXPLORA EL TEXTO

LEE LA BIBLIA: Pide a un voluntario que lea en voz alta Hebreos 1:1-4.

INTERCAMBIO: Utiliza las siguientes preguntas para conocer las primeras reacciones de los miembros del grupo al texto.

> ¿Qué es lo que más les gusta de estos versículos? ¿Qué preguntas tienen?

> ¿Qué revela la comunicación de Dios en cuanto a Su carácter?

> ¿Qué descripciones específicas se utilizan para referirse a Jesús? ¿Cómo afectan ellas la forma en que ven su relación con Él?

> ¿Cómo ayudar la fidelidad y la perseverancia estos versículos iniciales?

NOTA: Concede tiempo suficiente para que los miembros del grupo den sus respuestas y hagan preguntas en cuanto al texto. No te sientas presionado a dar más prioridad a la agenda del manual, que a las experiencias personales de los miembros del grupo. Si el tiempo lo permite, comenta las respuestas a las preguntas que surjan de la lectura.

❯ OBEDECE EL TEXTO

RESPUESTA: Crea un ambiente de apertura y acción. Ayuda a los miembros del grupo a aplicar la verdad bíblica a áreas específicas: sus ideas, actitudes y/o conductas personales.

> ¿Cómo les está retando ahora mismo la Palabra de Dios?

> ¿De qué manera mantendrán esta imagen de Jesús en primer plano en sus mentes esta semana, especialmente cuando necesiten estímulo para perseverar en las situaciones difíciles?

> ¿A quiénes conocen ustedes, que necesiten experimentar lo que ustedes están aprendiendo? (Comprométanse a orar por oportunidades para compartir esto con esas personas).

ORACIÓN: Concluye en oración. Utiliza las descripciones aplicadas a Jesús en Hebreos 1:1-4 para guiar su oración, y termine la reunión dando gracias a Dios por revelarse a sí mismo por medio de su Hijo.

GUÍA PARA EL LÍDER—SESIÓN 2

❱ PARA COMENZAR

OPCIONES PARA INICIAR LA REUNIÓN: Elige una de las siguientes opciones para iniciar el dialogo grupal:

FRASE DE LA SEMANA PARA INICIAR EL DIÁLOGO: "Cuando estamos tan absortos en las cosas de esta vida, hasta el punto de que tenemos poco tiempo para cultivar nuestra esencial espiritual, entonces el deslizamiento de la fe es inevitable". —DAVID JEREMIAH

> ¿Cuál es su primera reacción a la frase de esta semana?

> ¿Cómo, específicamente, ha afectado el ajetreo la relación de ustedes con Dios, y su confianza en Él?

ACTIVIDAD CREATIVA: Pide a los miembros del grupo que se agrupen de acuerdo con las cosas que tengan en común. Después que se hayan formado los grupos, pídales que revelen sus respuestas, y menciona una nueva categoría. Repite este proceso varias veces, y haz al menos una pregunta "reveladora" en cuanto a una opinión o personalidad. Son ejemplos de vínculos comunes: mes de nacimiento, género, equipo deportivo favorito, centro de estudios o año de graduación, programa o espectáculo favorito, pasatiempo favorito, el mayor temor. Utiliza las siguientes preguntas para iniciar el diálogo:

> ¿De qué se enteraron en cuanto a alguien del grupo?

> ¿De qué manera y por qué razón gravitamos de forma natural hacia las personas que tienen cosas en común con nosotros?

> ¿Por qué es importante saber que Jesús participó completamente de la experiencia humana, y que nos entiende en todos los sentidos?

❱ ENTIENDE EL CONTEXTO

PROPORCIONA EL TRASFONDO: Presenta brevemente a los miembros del grupo cualquier información o idea que les ayude a explorar Hebreos 2:1-3, 14-18. Después, haz las siguientes preguntas para que conecten personalmente el contexto de hoy con el contexto original:

> ¿Por qué los destinatarios originales necesitaban que se les recordara la autoridad y el justo castigo de Dios?

> ¿De qué modo tenemos la tendencia a olvidar hoy la autoridad y el castigo de Dios?

EXPLORA EL TEXTO

LEE LA BIBLIA: Pide a un voluntario que lea en voz alta Hebreos 2:1-3, 14-18.

INTERCAMBIO: Utiliza las siguientes preguntas para conocer las primeras reacciones de los miembros del grupo al texto.

> ¿Qué es lo que más les gusta de estos versículos? ¿Qué preguntas tienen?

> ¿Cómo se revela la santidad de Dios en estos versículos? ¿Cómo se revela Su gracia?

> ¿Cuáles son los verbos utilizados en los versículos 1 al 3 sobre lo que nosotros debemos hacer, y cuáles son las implicaciones?

> ¿Cuáles son los verbos en los versículos 14 al 18 sobre lo que hizo Jesús, y cuáles son las implicaciones?

> ¿Cómo explican los versículos 14 al 18 nuestra "salvación tan grande", y qué significa descuidarla?

NOTA: Concede tiempo suficiente para que los miembros del grupo den sus respuestas y hagan preguntas en cuanto al texto. No te sientas presionado a dar más prioridad a la agenda del manual, que a las experiencias personales de los miembros del grupo. Si el tiempo lo permite, comenta las respuestas a las preguntas que surjan de la lectura.

OBEDECE EL TEXTO

RESPUESTA: Crea un ambiente de apertura y acción. Ayuda a los miembros del grupo a aplicar la verdad bíblica a áreas específicas: sus ideas, actitudes y/o conductas personales.

> ¿En qué circunstancias se sienten ustedes muy alentados, sabiendo que Jesús comprende y les rescata de ellas?

> ¿Cómo pondrán atención esta semana a la advertencia de no alejarse y no descuidar la salvación tan grande que tenemos?

ORACIÓN: Concluye en oración. Utiliza la advertencia y la exhortación de Hebreos 2 para guiar su oración. Ora específicamente por enfoque espiritual y por ayuda para recordar que Jesús se identifica perfectamente con nosotros, y que Él venció el pecado y la tentación, el temor y la muerte. Ora pidiendo confianza para vivir completamente en la libertad que Cristo da.

GUÍA PARA EL LÍDER—SESIÓN 3

▶ PARA COMENZAR

OPCIONES PARA INICIAR LA REUNIÓN: Elije una de las siguientes opciones para iniciar el dialogo grupal:

FRASE DE LA SEMANA PARA INICIAR EL DIÁLOGO: "La palabra que encuentras en las Escrituras de parte de Dios, es siempre 'hoy'. Nunca hay un 'mañana'. El enemigo es el único que viene a decirnos: 'mañana'". —DAVID JEREMIAH

- ¿Cuál es su primera reacción a la frase de esta semana?
- ¿Cuáles son las cosas a las que ustedes procrastinan con más frecuencia?
- ¿Por qué la procrastinación espiritual es un hábito peligroso e imprudente?

ACTIVIDAD CREATIVA: Pide a los miembros del grupo que hagan una fila en medio de la habitación, y asígnales los números 1 y 2 alternadamente (1-2-1-2…). Explica que todos deberán responder a una serie de movimientos, pero los que tengan el número 1 se cubrirán los ojos, y los número 2 se cubrirán los oídos y harán zumbidos suavemente. Sin poder ver o escuchar, pide a todos que den por lo menos diez pasos que tú les indicarás. Por ejemplo: Paso hacia la derecha. Paso hacia atrás. Paso hacia la izquierda… Después de haber dado al menos diez pasos, pide a todos que abran los ojos, y que vuelvan a sentarse. Utiliza las siguientes preguntas para iniciar el diálogo:

- ¿Cuáles fueron las dificultades de no oír y no ver? ¿Cómo trataron de concentrarse?
- ¿En algún momento algo distrajo su atención de lo que les estaba pidiendo que hicieran? ¿Otros ruidos? ¿Alguna preocupación? ¿Otras personas?
- ¿En qué aspectos tienen problemas ustedes para oír o ver a Dios, y responder a Su Palabra? ¿Cómo se han sentido al no tener sintonía con Dios y/o con otras personas?

▶ ENTIENDE EL CONTEXTO

PROPORCIONA EL TRASFONDO: Presenta brevemente a los miembros del grupo cualquier información o idea que les ayude a explorar Hebreos 3:7-15. Después, haz las siguientes preguntas para que conecten personalmente el contexto de hoy con el contexto original:

- ¿Por qué es importante entender el trasfondo judío de los primeros cristianos para quienes fue escrito el libro de Hebreos?
- ¿Cómo les ayudaría a ustedes conocer el trasfondo o las creencias de alguien, para hablarle del evangelio hoy?

❯ EXPLORA EL TEXTO

LEE LA BIBLIA: Pide a un voluntario que lea en voz alta Hebreos 3:7-15.

INTERCAMBIO: Utiliza las siguientes preguntas para conocer las primeras reacciones de los miembros del grupo al texto.

> ¿Qué es lo que más les gusta de estos versículos? ¿Qué preguntas tienen?

> ¿Cómo nos engaña el pecado?

> El versículo 8 nos exhorta a no endurecer nuestros corazones, y el versículo 13 advierte en contra del pecado de endurecer nuestros corazones. ¿Cómo pueden las personas involucrarse activamente en la preservación de su corazones, y ser responsables de ellos, en vez de ser unas víctimas impotentes?

> ¿Qué esperanza encuentran los seguidores de Cristo en este pasaje?

NOTA: Concede tiempo suficiente para que los miembros del grupo den sus respuestas y hagan preguntas en cuanto al texto. No te sientas presionado a dar más prioridad a la agenda del manual, que a las experiencias personales de los miembros del grupo. Si el tiempo lo permite, comenta las respuestas a las preguntas que surjan de la lectura.

❯ OBEDECE EL TEXTO

RESPUESTA: Crea un ambiente de apertura y acción. Ayuda a los miembros del grupo a aplicar la verdad bíblica a áreas específicas: sus ideas, actitudes y/o conductas personales.

> ¿Cómo se sienten alentados, sabiendo que las Escrituras (Antiguo y Nuevo Testamento) les habla hoy, miles de años después de haber sido escrita?

> ¿Qué tan endurecidos de corazón estuvieron en el pasado, cuando desobedecieron?

> ¿Qué le está diciendo el Espíritu Santo ahora mismo por medio de la Palabra de Dios?

> "Hoy" ¿qué necesitan hacer para responder a lo que el Espíritu Santo les está diciendo?

> ¿A quién alentarán cada día para que mantenga un corazón dispuesto? ¿Quién les alentará? Empéñense en conectarse regularmente con esa persona, para alentarla en su obediencia diaria a Dios.

ORACIÓN: Concluye en oración. Ora por cada miembro del grupo específicamente y/o anímelos a formar parejas para que oren el uno por el otro. Ora para que sean receptivos y sensibles al Espíritu Santo cada día de esta semana.

GUÍA PARA EL LÍDER—SESIÓN 4

▸ PARA COMENZAR

OPCIONES PARA INICIAR LA REUNIÓN: Elije una de las siguientes opciones para iniciar el dialogo grupal:

FRASE DE LA SEMANA PARA INICIAR EL DIÁLOGO: "El sacerdote del Antiguo Testamento era escogido de entre los hombres, porque así sentiría lo que los demás hombres sentían".
—DAVID JEREMIAH

- ¿Cuál es su primera reacción a la frase de esta semana?

- ¿Qué tan diferente sería con Dios, si tuvieran siempre en mente que Jesús entiende perfectamente y empatiza con nosotros?

ACTIVIDAD CREATIVA: Antes de la reunión del grupo, reúne varios objetos comunes de diversas texturas. Colócalos en una caja, un bolso o un envase, donde puedan ser tocados pero no vistos. Después, haz circular esto entre los miembros del grupo y diles que toquen los objetos, sin mirarlos. Cuando alguien sepa lo que hay dentro del envase, debe pasarlo a la persona siguiente. Después de que todos hayan tocado los objetos, utiliza las siguientes preguntas para iniciar el diálogo grupal:

- ¿Qué pudieron identificar, basándose en lo que sintieron al tocarlos?

- ¿Por qué es alentador saber que Jesús les conoce bien, lo suficiente como para identificar exactamente qué está pasando en sus vidas puesto que Él lo experimentó todo?

▸ ENTIENDE EL CONTEXTO

PROPORCIONA EL TRASFONDO: Presenta brevemente a los miembros del grupo cualquier información o idea que les ayude a explorar Hebreos 4:14-5:6. Después, haz las siguientes preguntas para que conecten personalmente el contexto de hoy con el contexto original:

- ¿Cuál fue el origen y el propósito del sabbat?

- ¿Cuándo apartamos tiempo en nuestra agenda para descansar en Dios?

- ¿De qué manera demuestra el día de reposo confianza en que Dios tiene el control?

⟩ EXPLORA EL TEXTO

LEE LA BIBLIA: Pide a un voluntario que lea en voz alta Hebreos 4:14-5:6.

INTERCAMBIO: Utiliza las siguientes preguntas para conocer las primeras reacciones de los miembros del grupo al texto.

- ¿Qué es lo que más les gusta de estos versículos? ¿Qué preguntas tienen?
- ¿Qué es misericordia? ¿Qué es gracia?
- ¿Qué revela la frase "para alcanzar misericordia y hallar gracia para el oportuno socorro" en cuanto a Dios y a nuestra relación con Él (4:16)?
- ¿Por qué es importante la perfección de Cristo? ¿Por qué es importante Su humildad? ¿Por qué es importante Su naturaleza eterna?

NOTA: Concede tiempo suficiente para que los miembros del grupo den sus respuestas y hagan preguntas en cuanto al texto. No te sientas presionado a dar más prioridad a la agenda del manual, que a las experiencias personales de los miembros del grupo. Si el tiempo lo permite, comenta las respuestas a las preguntas que surjan de la lectura.

⟩ OBEDECE EL TEXTO

RESPUESTA: Crea un ambiente de apertura y acción. Ayuda a los miembros del grupo a aplicar la verdad bíblica a áreas específicas: sus ideas, actitudes y/o conductas personales.

- ¿De qué maneras han experimentado la ayuda de Dios en el momento "oportuno" en sus vidas (4:16)?
- ¿En qué aspectos específicos necesitan la gracia y la misericordia de Dios?
- ¿Cómo se acercarán "confiadamente al trono de la gracia" esta semana (4:16)?

ORACIÓN: Concluye en oración. Concede tiempo para que todos eleven una oración para agradecer a Dios Su gracia, Su misericordia, Su soberanía y Su presencia en sus vidas. Desafía a los miembros del grupo a buscar confiadamente la ayuda de Dios en situaciones específicas.

GUÍA PARA EL LÍDER—SESIÓN 5

❯ PARA COMENZAR

OPCIONES PARA INICIAR LA REUNIÓN: Elige una de las siguientes opciones para iniciar el diálogo grupal:

FRASE DE LA SEMANA PARA INICIAR EL DIÁLOGO: "La madurez comienza con una decisión: la decisión de hacer de nuestro crecimiento en Cristo una prioridad. Aunque somos salvos por fe, no por obras, nuestro crecimiento en la fe requiere que estemos involucrados en el proceso".
—DAVID JEREMIAH

> ¿Cuál es su primera reacción a la frase de esta semana?

> Mencionen una manera específica en la que han experimentado crecimiento como hijos de Dios.

ACTIVIDAD CREATIVA: Da a un voluntario del grupo un tubo pequeño de pasta dentífrica o un sobrecito de kétchup, y un plato. Pídele que exprima totalmente el contenido en la superficie que le indiques. Después de haber vaciado el tubo, pídele que trate de poner de nuevo el contenido en uno de ellos. Concede unos minutos para que el voluntario haga todo lo posible por lograrlo, si desea hacerlo, antes de utilizar las siguientes preguntas para iniciar el diálogo:

> ¿Cuándo hicieron o experimentaron ustedes algo que no pudieron anular o revertir después? (Las respuestas que den pueden ser cómicas o serias).

> Afortunadamente, servimos a un Dios paciente y misericordioso, pero cuando se nos acabe esta vida no podremos deshacer nuestras decisiones. ¿Cómo condiciona su perspectiva el saber que cuando esta vida terrestre se les acabe, no podrán ustedes anular nada?

❯ ENTIENDE EL CONTEXTO

PROPORCIONA EL TRASFONDO: Presenta brevemente a los miembros del grupo cualquier información o idea que ayude a todos a explorar Hebreos 6:1-8. Luego, para que conecten personalmente el contexto de hoy con el contexto original, haz las siguientes preguntas:

> ¿Cómo difiere la idea bíblica de la esperanza, de la opinión mundana y circunstancial?

> ¿Por qué una esperanza basada en las circunstancias es un indicador de falta de madurez espiritual?